职业教育改革创新示范教材 II

E

汽车制动系统维修

QICHE ZHIDONG XITONG WEIXIU

主　编　何爱明　丁业军
副主编　杨　泽　吴晓东

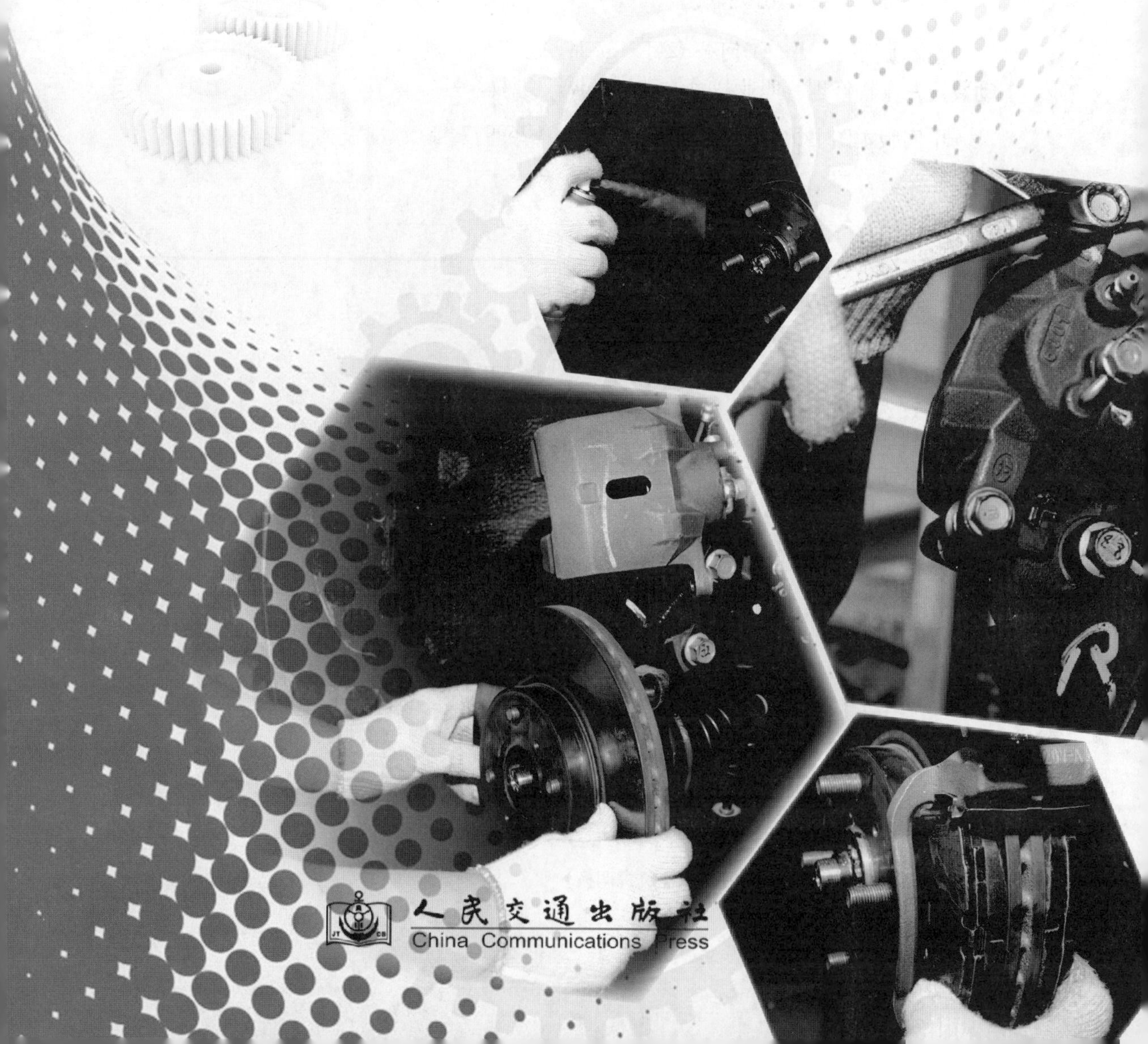

人民交通出版社
China Communications Press

内 容 提 要

本书是职业教育改革创新示范教材之一，其主要内容包括：制动液的检查、添加和更换，制动踏板位置的检查和调整，驻车制动器的检查与调整，制动蹄、制动鼓的检查和更换，制动摩擦片、制动盘的检查和更换，制动跑偏故障的检修和ABS警告灯点亮的检查与维修。

本书为职业院校汽车运用与维修专业、汽车制造与检修专业的教材，也可作为相关行业的岗位培训教材。

图书在版编目(CIP)数据

汽车制动系统维修／何爱明，丁业军主编．—北京：人民交通出版社，2012.11

ISBN 978-7-114-10197-7

Ⅰ.①汽… Ⅱ.①何… ②丁… Ⅲ.①汽车－制动装置－车辆修理－职业教育－教材 Ⅳ.①U472.41

中国版本图书馆CIP数据核字(2012)第269977号

职业教育改革创新示范教材Ⅱ

书　　名：**汽车制动系统维修**
著 作 者：何爱明　丁业军
责任编辑：戴慧莉
出版发行：人民交通出版社
地　　址：(100011)北京市朝阳区安定门外外馆斜街3号
网　　址：http://www.ccpress.com.cn
销售电话：(010)59757969、59757973、85285659
总 经 销：人民交通出版社发行部
经　　销：各地新华书店
印　　刷：北京交通印务实业公司
开　　本：787×1092　1/16
印　　张：8.25
字　　数：147千
版　　次：2013年1月 第1版
印　　次：2016年11月 第2次印刷
书　　号：ISBN 978-7-114-10197-7
定　　价：23.00元

职业教育改革创新示范教材编委会

（排名不分先后）

前言 FOREWORD

《国家中长期教育改革和发展规划纲要(2010—2020年)》中提出:大力发展职业教育,把职业教育纳入经济社会发展和产业发展规划,把提高质量作为重点;以服务为宗旨,以就业为导向,推进教育教学改革。实行工学结合、校企合作、顶岗实习的人才培养模式;满足人民群众接受职业教育的需求,满足经济社会对高素质劳动者和技能型人才的需要。

职业教育的发展已作为国家当前教育发展的战略重点之一,但目前学校所使用的教材普遍存在以下几个方面的问题:

(1)学生反映难理解,教师反映不好教;

(2)企业反映脱离实际,与他们的需求距离很大;

(3)不适应新一轮教学改革的需要,汽车车身修复、汽车商务、汽车美容与装潢等专业教材急缺;

(4)立体化程度不够,教学资源质量不高,教学方式相对落后。

针对以上问题,结合人民交通出版社汽车类专业教材的出版优势,我们开发了"职业教育改革创新示范教材"。本套教材以"积极探索教学改革思路,充分考虑区域性特点,提升学生职业素质"为指导思想,采用职教专家、行业一线专家、学校教师、出版社编辑"四结合"的编写模式。教材内容的特点是:准确体现职业教育特点(以工作岗位所需的知识和技能为出发点);理论内容"必需、够用";实训内容贴合工作一线实际;选图讲究,易懂易学。

该套教材将先进的教学内容、教学方法与教学手段有效地结合起来,形成课本、课件(部分课程配)和习题集(部分课程配)三位一体的立体教学模式。

本书由武汉市交通学校何爱明、丁业军担任主编,由武汉市交通学校杨　泽、湖北黄冈交通学校吴晓东担任副主编,参加编写的还有刘惠民、任晓龙、李丹、向志伟、杨功兴、周广春。

限于编者的经历和水平,书中难免有不妥或错误之处,敬请广大读者批评指正,提出修改意见和建议,以便再版修订时改正。

职业教育改革创新示范教材编委会

2012年1月

目录 CONTENTS

学习任务一

制动液的检查、添加和更换

学习目标

完成本学习任务后,你应当能:

1. 叙述汽车行车制动系统的类型;
2. 正确地检查制动液的品质、液面高度;
3. 正确地检查制动管路,并排除制动管路中的空气;
4. 与同学密切合作,安全规范地检查、添加和更换制动液。

建议完成本学习任务的时间为 8 课时。

学习任务描述

一辆新爱丽舍轿车,行驶 10000km,车主要求对液压制动装置进行维护。需要你按照维护标准和要求,对液压制动系统内的制动液量进行检查,必要时进行添加或更换。

学习内容

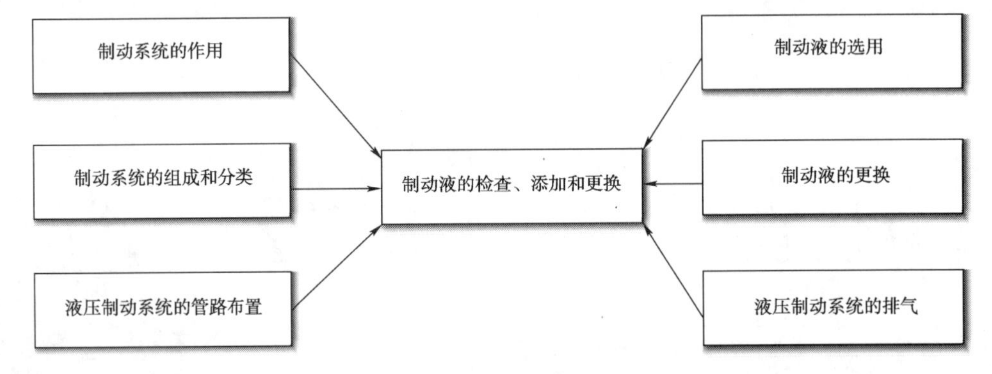

一、资料收集

引导问题1　制动系统的作用是什么?

汽车制动系统的作用是按照驾驶人的需要使汽车减速或在最短的距离内停车;下坡行驶时限制车速;使汽车可靠地停放在原地(包括坡道上),保持不动。

引导问题2　制动系统的组成和分类是什么?

按照功能的不同,汽车制动系统分为行车制动装置和驻车制动装置。行车制动装置(俗称脚刹)作用是使行驶中的汽车减速或停车;驻车制动装置(俗称手刹)的作用是使汽车停放时或临时停车时在原地保持不动。

按照制动能源的不同,汽车制动系统分为人力制动系统、动力制动系统、伺服制动系统。人力制动系统是以驾驶人的肌体作为唯一制动能源;动力制动系统能源来自由发动机的动力转化而成的气压或液压形式的势能;伺服制动系统是兼用人力和发动机动力的制动系统。

按照制动介质的不同,汽车制动系统分为气压制动系统和液压制动系统。

现在,有的汽车还装有紧急制动装置和安全制动或辅助制动装置,部分汽车还装有制动力调节装置、报警装置、压力保护装置等。

不同品牌、不同车型的汽车制动系统可能会有所不同,但基本都是由制动器和制动传动机构组成。

引导问题3 液压制动系统的组成有哪些?

液压制动系统由制动主缸、制动轮缸、制动助力器、车轮制动器、制动管路、制动踏板等组成,如图 1-1 所示。

a) 制动助力器、制动主缸

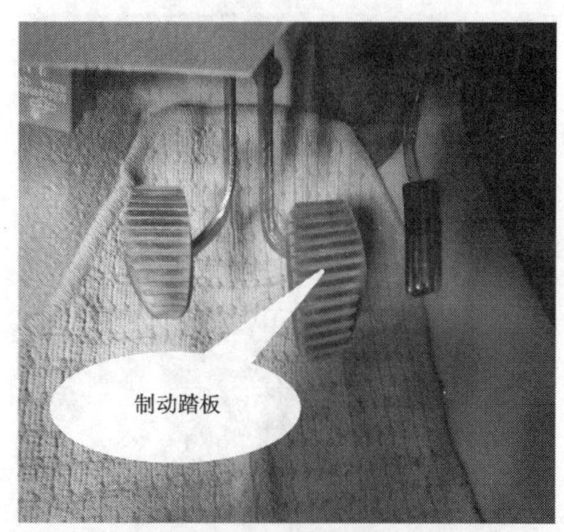

b) 制动踏板

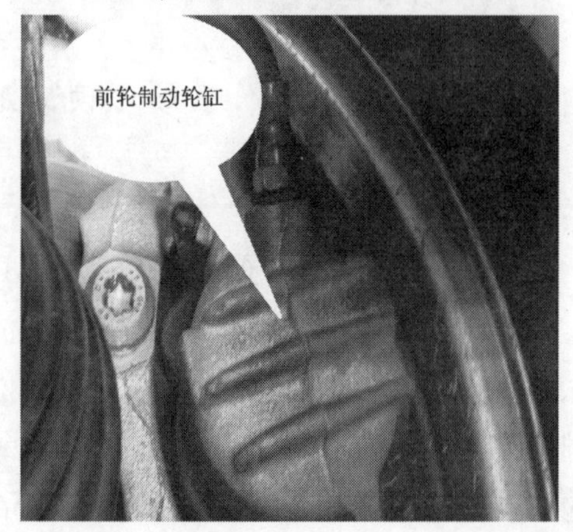

c) 制动轮缸

图 1-1 液压制动系统组成

引导问题4 液压制动系统制动管路是怎么布置的?

液压制动系统的制动管路有单管路和双管路两种布置形式。随着人们对汽车安全要求的不断提高和一些国家强制标准的开始施行,单管路的制动系统已经被淘汰了。现代汽车上,应用最广泛的双管路布置形式主要有两种:一种是一套管路控制两个前轮制动器,另一套管路控制两个后轮制动器,此布置形式称为Ⅱ型,

如图 1-2所示;另一种是一套管路控制一个前轮制动器和对角的一个后轮制动器,剩下的两个制动器由另一套管路控制,此布置形式称为 X 型,如图 1-3 所示。如东风雪铁龙爱丽舍轿车和桑塔纳 2000GSi 轿车的制动系统就采用的是 X 形的布置形式。

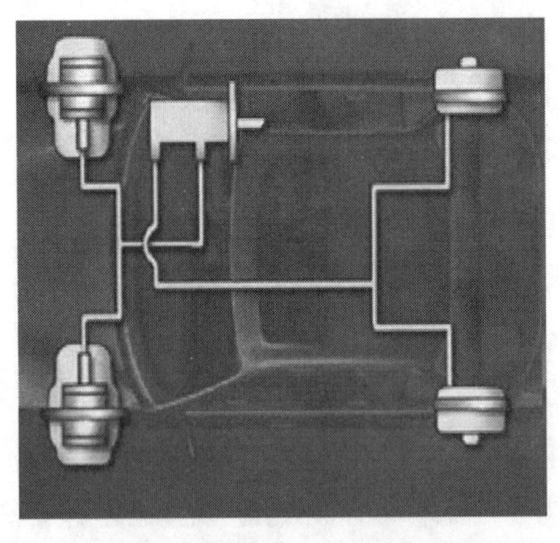

图 1-2 制动系统的Ⅱ型布置形式

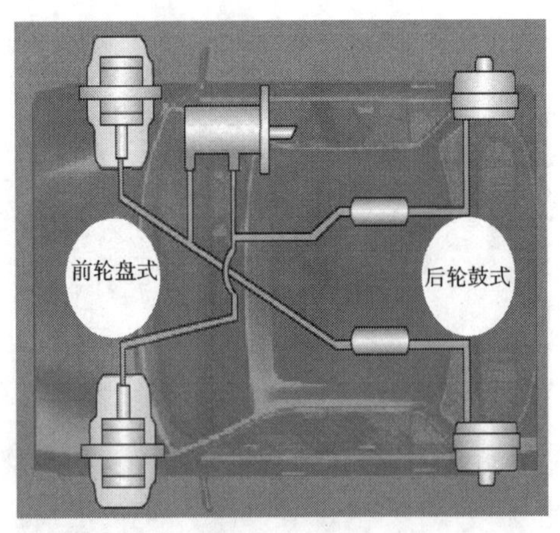

图 1-3 制动系统的 X 型布置形式

引导问题 5 **液压制动系统的制动液是什么物质?为什么要更换?如何选用?**

制动液是以乙二醇醚为基础添加了聚乙二醇、乙二醇等的石油化学制品,其外观应清澈透明或呈琥珀色、无杂质、无沉淀、无悬浮物。如果变黑、混浊或有沉淀物等现象,说明制动液已经变质,需要及时更换。

制动液有刺激性,应避免与人体皮肤、眼睛等直接接触。一旦不小心接触到制动液,应立即采取如下措施进行救治:若不慎进入眼睛,需尽快用水彻底冲洗;若接触到皮肤,需用肥皂和水清洗。

此外,制动液在长时间使用后,有可能因吸热后产生气泡,而导致制动能力急剧下降,还有可能因吸入水分导致沸点下降,而出现气阻现象等,所以需要定期更换制动液。

在选用时,不可加注或混用不同品牌、不同型号和不同生产厂家的制动液,必须选用汽车使用说明书上规定型号的制动液。对于日、韩、美及德国大众系列的汽车,一般推荐使用 DOT3,或与之相当的制动液 DOT4,不推荐在 ABS 中使用硅酮型制动液 DOT5,如图 1-4 所示。

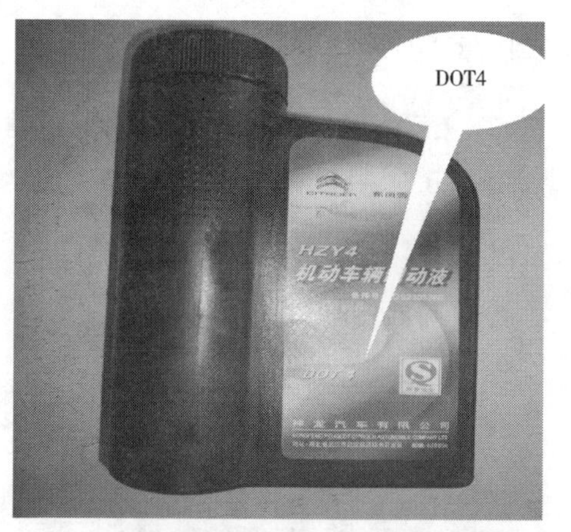

图1-4　制动液

二、实 施 作 业

引导问题6　在作业过程中,如何正确使用举升机?

举升机是汽车维修、维护中经常使用的设备,现在常用的举升机有剪式、双柱式、四柱式三种类型。下面以双柱举升机为例,讲解举升机的使用方法。

(1)清理工位。清理举升机平台周围和提升臂下面的障碍物,清洁工位,如图1-5所示。

(2)安全检查。检查举升机立柱的固定螺栓是否有丢失、损伤、松动,如图1-6所示。

(3)整理工位,如图1-7所示。

图1-5　清理工位

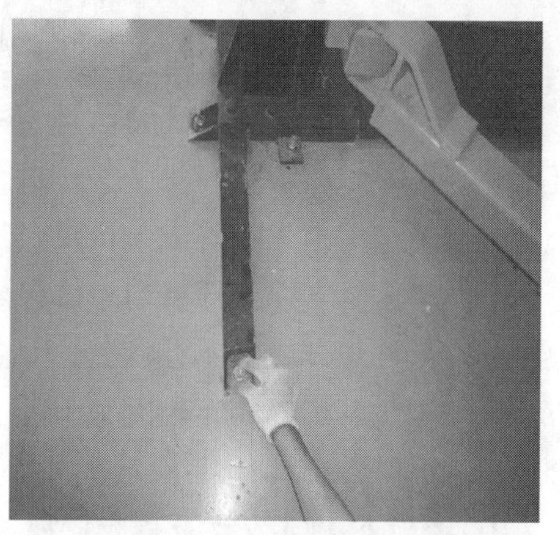

图1-6　安全检查

(4)将车辆停驻在举升机的中央位置,如图 1-8 所示。

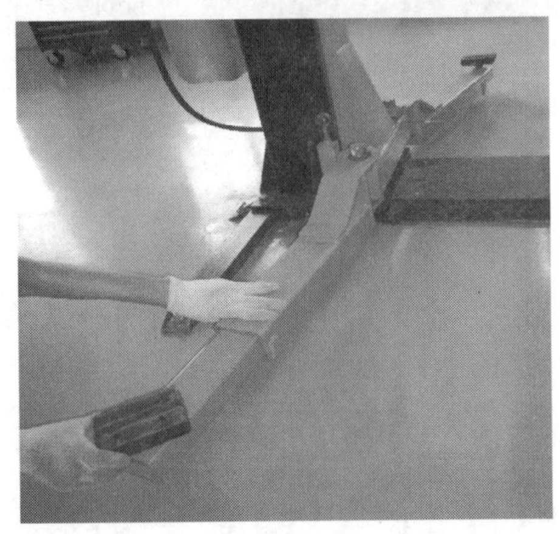

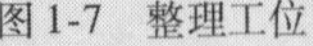

图 1-7　整理工位

图 1-8　车辆停驻

(5)调整举升机支撑臂,使支撑臂位于车辆支撑指定位置,如图 1-9 所示。

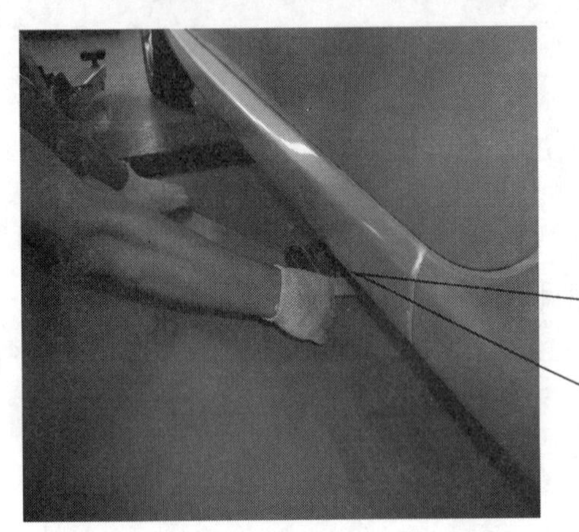

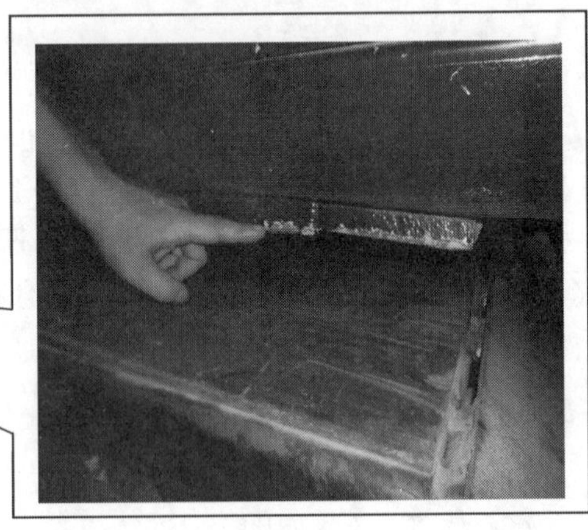

图 1-9　调整举升机支撑臂

(6)发出举升机准备举升的信号,并认真观察举升机周围有无障碍物或人员,如图 1-10所示。

(7)在确定周围无障碍或人员时,发出举升机可以举升的信号,如图 1-11 所示。

(8)当举升机支撑臂即将与车体接触时,停止上升,检查举升机支撑臂与车辆的接触状况,如图 1-12a)所示;经确认无误后,继续举升车辆,如图 1-12b)所示。

(9)当被举升车辆的车轮刚离开地面 5cm 时,停止上升,推动车辆,再次检查车辆支撑牢固情况,如图 1-13 所示。

(10)经检查,确定车辆支撑牢固后,再次发出举升机准备举升的信号(图 1-10)。

(11)确定工位周围安全后,再次发出举升机可以举升的信号(图 1-11)。

图1-10　发出准备举升信号

图1-11　发出可以举升信号

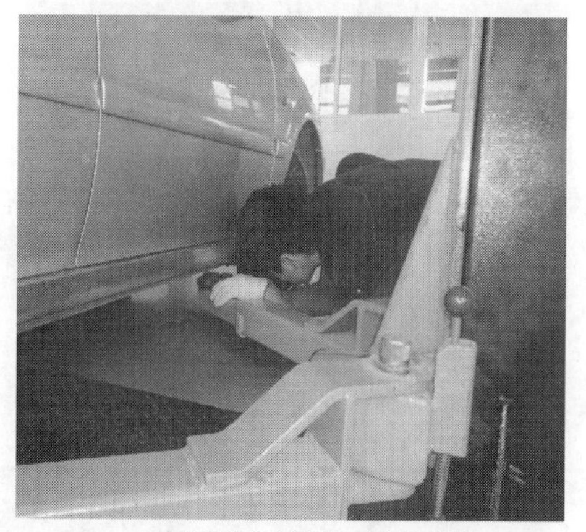
a) 检查举升机支撑臂与车辆的接触

b) 举升车辆

图1-12　检查支撑臂

(12)按住举升机上升按钮,举升车辆到合适的高度后停止上升,如图1-14所示。

图1-13　检查车辆支撑情况

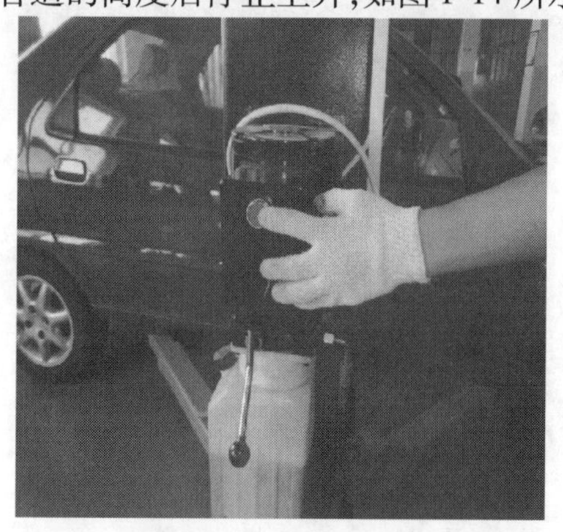
图1-14　操作上升按钮

图 1-15　保险落锁

(13)将举升机保险落锁,如图 1-15 所示。

(14)举升机需要下降时,发出下降信号,在确定工位周围安全后发出可以下降信号,如图 1-16 所示。

(15)拉开保险锁,按下降按钮,如图 1-17所示。

提示:举升机下降时,先会上升一段距离,解除保险锁后再下降。

a) 发出准备下降信号

b) 发出可以下降信号

图 1-16　发出下降信号

a) 拉开保险锁

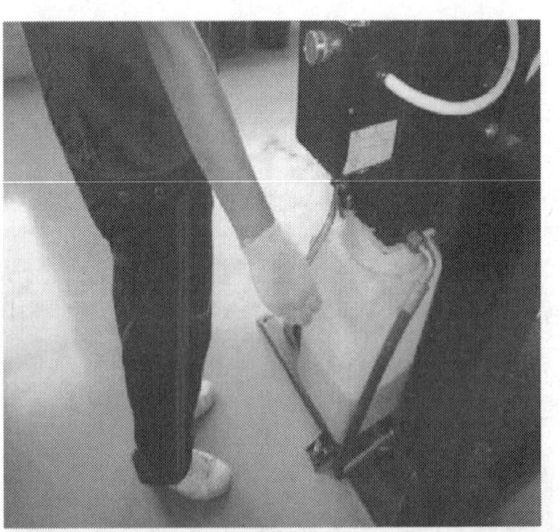

b) 操作举升机下降

图 1-17　举升机下降

引导问题7　作业过程中,除了举升机,还需要哪些工具、设备和材料?

不同车型作业的工具、材料和设备会有所区别,下面以爱丽舍轿车为例进行作业,作业需要的工具、设备和材料如下。

(1)磁力护裙、防护5件套,如图1-18所示。

a) 磁力护裙

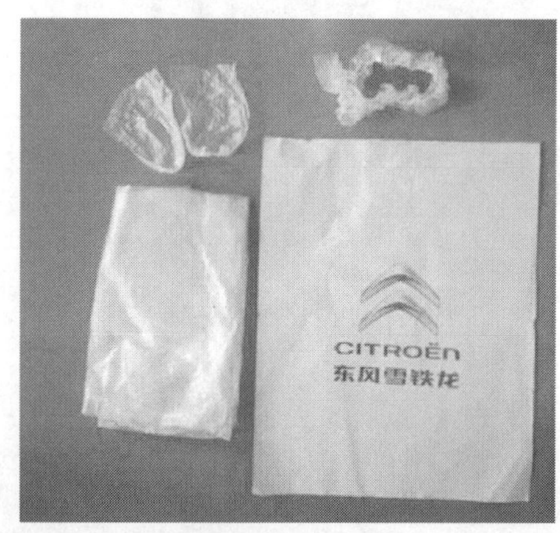

b) 防护5件套

图1-18　磁力护裙和防护5件套

(2)辅助工具,如图1-19所示。

(3)排放空气的8mm扳手,如图1-20所示。

a) 棉纱

b) 接油容器

图　1-19

c) 漏斗

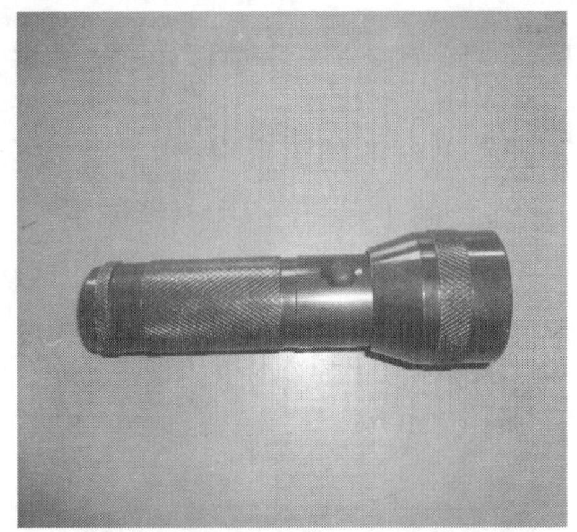

d) 手电筒

图 1-19　辅助工具

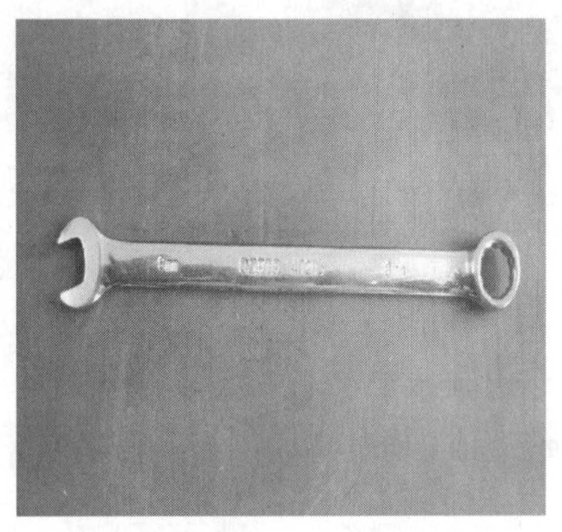

图 1-20　8mm 扳手

引导问题 8　作业前的准备工作有哪些？

(1)车辆进入工位前,清洁工位,如图 1-21 所示;准备好相关的工具、量具及材料。

(2)将待检车辆停驻在举升机中央位置,如图 1-22 所示。

(3)安装转向盘防护套,如图 1-23 所示。

(4)安装座椅防护套,如图 1-24 所示。

(5)安放脚垫,如图 1-25 所示。

(6)安装变速器变速杆防护套,如图 1-26 所示。

图 1-21　清洁工位

图 1-22　停驻车辆

图 1-23　安装转向盘防护套

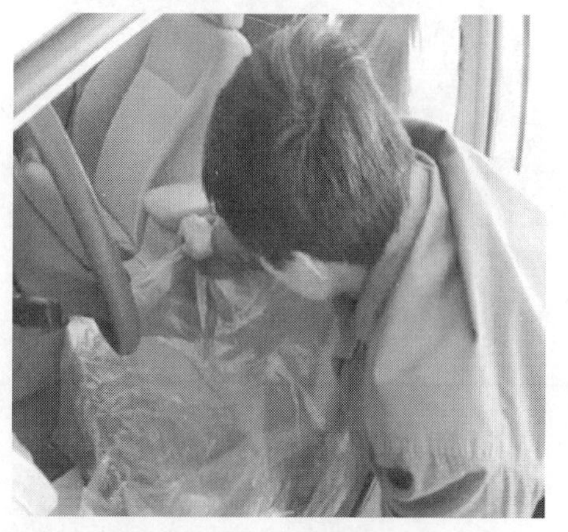

图 1-24　安装座椅防护套

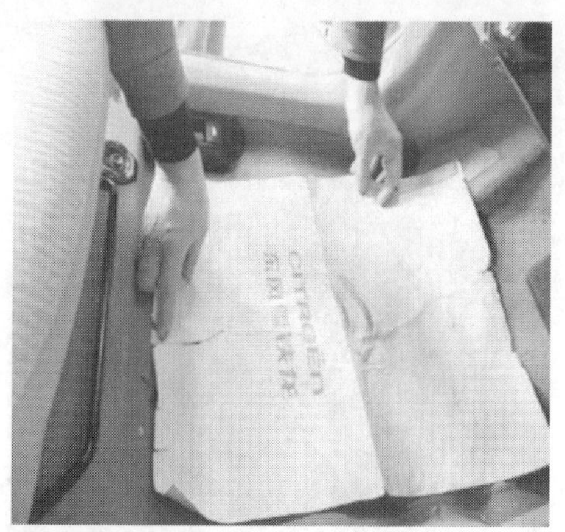

图 1-25　安放脚垫

图 1-26　安装变速器变速杆防护套

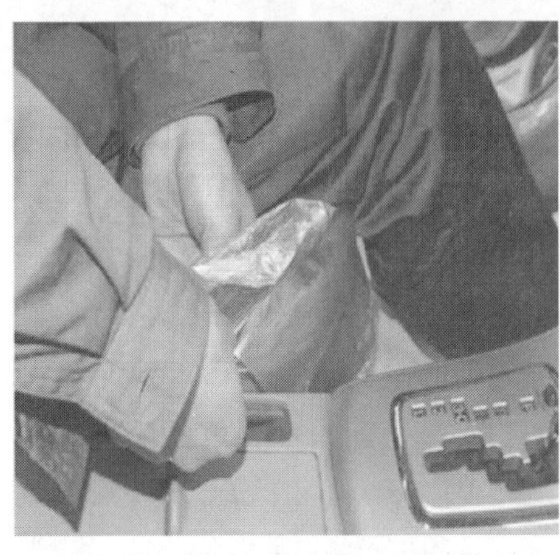

图 1-27　安装驻车制动器操纵杆防护套

(7)安装驻车制动器操纵杆防护套,如图 1-27 所示。

(8)拉紧驻车制动器操纵杆,并将手动变速器置于空挡(自动变速器置于 N 位),如图 1-28 所示。

(9)支撑发动机罩,如图 1-29 所示。

(10)粘贴前脸磁力护裙和左、右翼子板布,如图 1-30 所示。

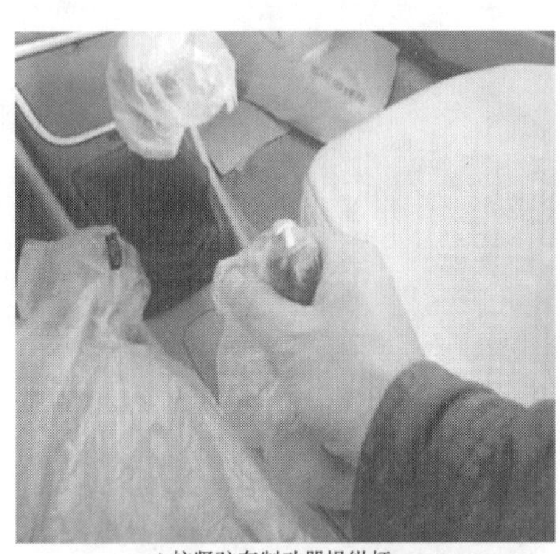

a) 拉紧驻车制动器操纵杆

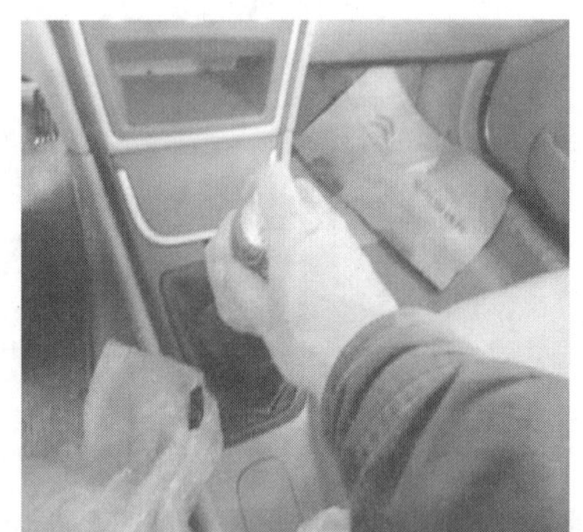

b) 将手动变速器置于空挡

图 1-28　将手动变速器置于空挡

图 1-29　支撑发动机罩

图 1-30　粘贴磁力护裙

引导问题 9 如何检查制动液面？

（1）确定制动主缸及储液罐的安装位置，如图 1-31 所示。

图 1-31 储液罐安装位置

（2）使用手电筒检查储液罐内的制动液液面是否正常（液面位于最高液位 MAX 和最低液位 MIN 之间为正常），如图 1-32 所示。

a)

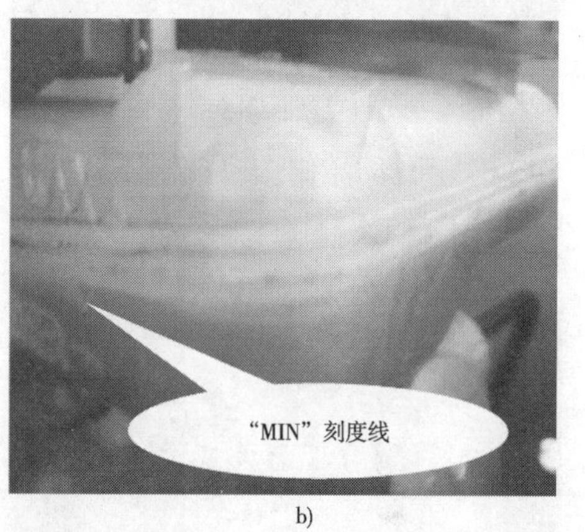

b)

图 1-32 制动液液位

引导问题 10 如何进行制动系统的泄漏检查？

（1）检查制动主缸、储液罐、油管是否有泄漏，如图 1-33 所示。

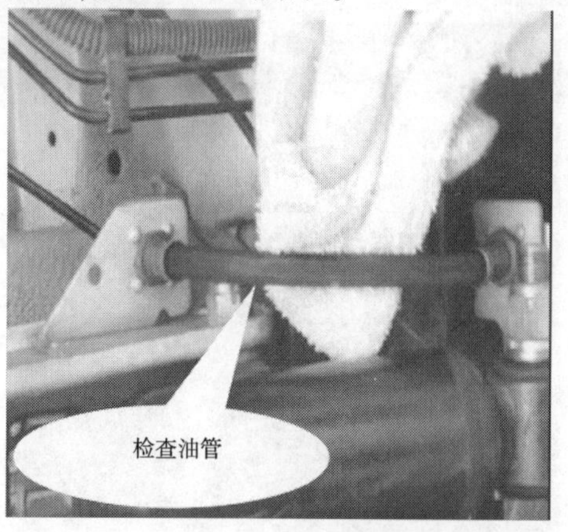

图 1-33 检查泄漏

(2)操作举升机,将车辆举升至适当高度,并进行安全锁止,如图 1-34 所示。

(3)检查车身底部的制动管路是否有制动液泄漏,如图 1-35 所示。

图 1-34　举升车辆

图 1-35　检查车身底部的制动管路是否泄漏

(4)检查制动轮缸是否有泄漏,如图 1-36 所示。

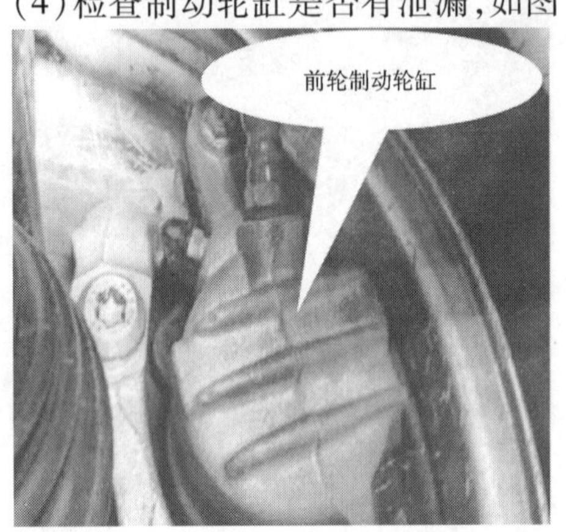

图 1-36　检查轮缸是否泄漏

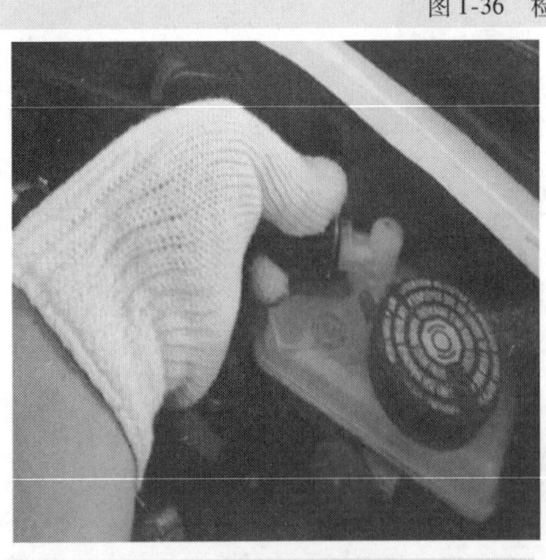

图 1-37　拆插接器

引导问题 11　如何添加制动液?

(1)拆下储液罐上液位传感器的插接器,如图 1-37 所示。

(2)旋下储液罐盖后,擦净油液,摆放在零件车上,如图 1-38 所示。

(3)漏斗放入储液罐加油口中并扶稳,如图 1-39 所示。

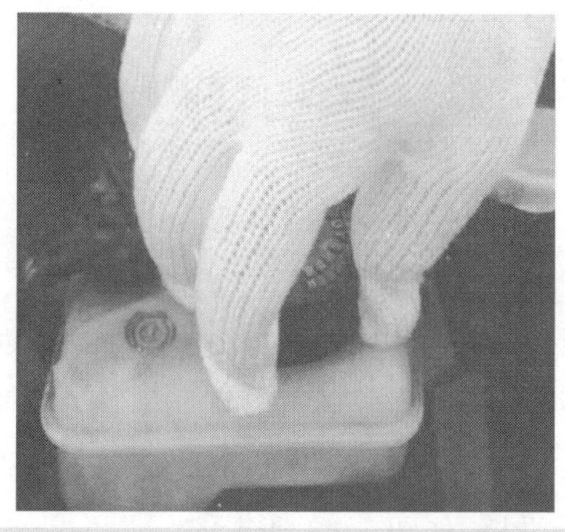

图 1-38　旋下储液罐盖并放好

(4)旋开制动液包装盖,将制动液缓慢倒入储液罐内,直到液面到达规定位置为止,如图 1-40 所示。

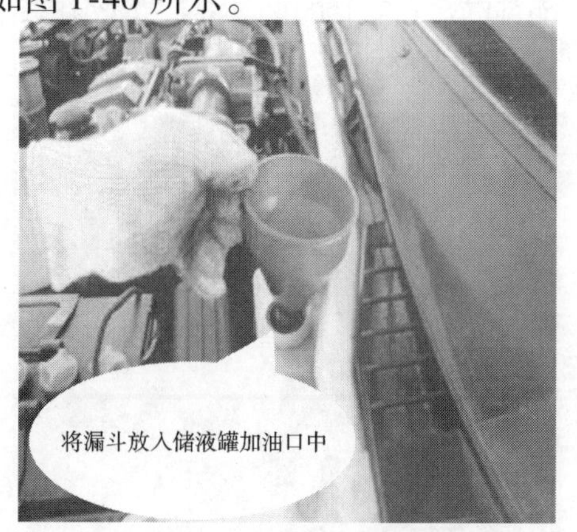

图 1-39　放入漏斗

图 1-40　添加制动液

(5)用抹布擦净储液罐加油口处油液,并旋紧储液罐盖,如图 1-41 所示。

(6)安装插接器到液位传感器插座上,如图 1-42 所示。

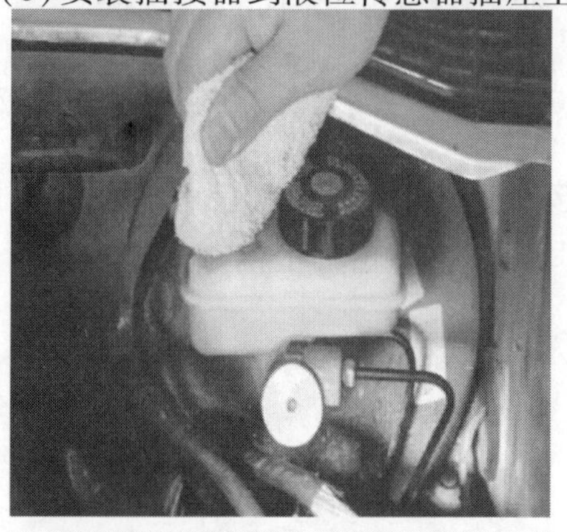

图 1-41　擦油液

图 1-42　安装插接器

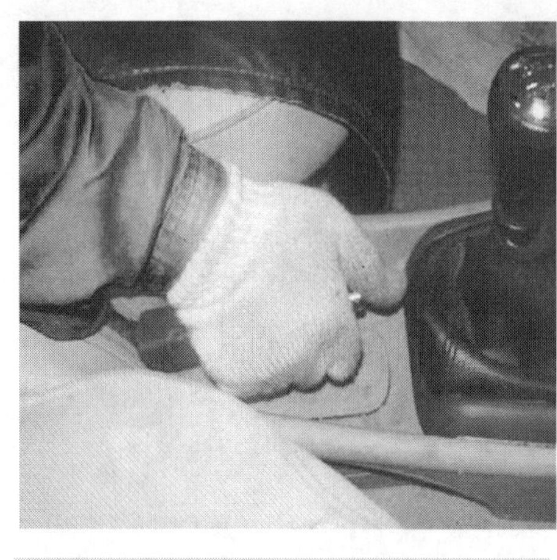

图 1-43　放松驻车制动器操纵杆

引导问题 12　如何更换制动液?

1 排空使用过的制动液

提示:此操作需要两名同学互相配合完成。

(1)甲同学进入驾驶室,放松驻车制动器操纵杆,如图 1-43 所示。

(2)乙同学操作举升机,将车辆举升至适当高度,并进行安全锁止(图 1-34)。

(3)乙同学进入车辆下面,取下车轮制动轮缸放气阀上的防尘帽,摆放在零件车上,如图 1-44 所示。

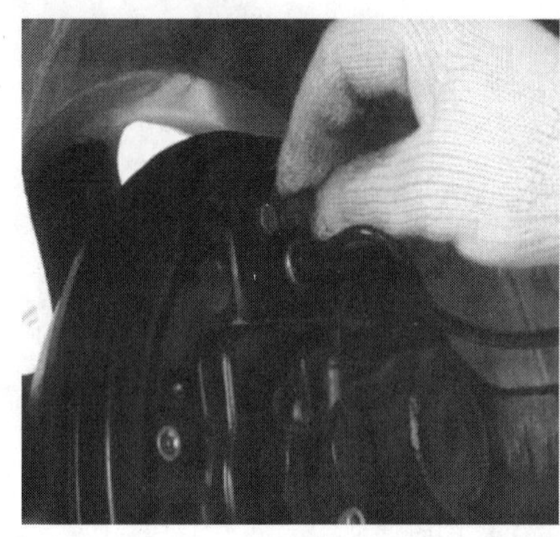

图 1-44　拆下防尘帽

(4)乙同学将塑料软管一端插入制动轮缸的放气阀上,另一端插入接油容器中,如图 1-45 所示。

(5)甲同学连续踩下—放松制动踏板多次后,踩住制动踏板不放并向乙同学发出信号,听到信号后乙同学使用排气扳手拧松制动轮缸上的放气阀,如图 1-46 所示。

(6)无制动液排放时,乙同学拧紧放气阀后,向甲同学发出信号,如图 1-47 所示。

(7)甲乙同学相互配合,重复(5)、(6)步的操作步骤,直到使用过的制动液排放完毕,拧紧放气阀,取下塑料软管,如图 1-48 所示。

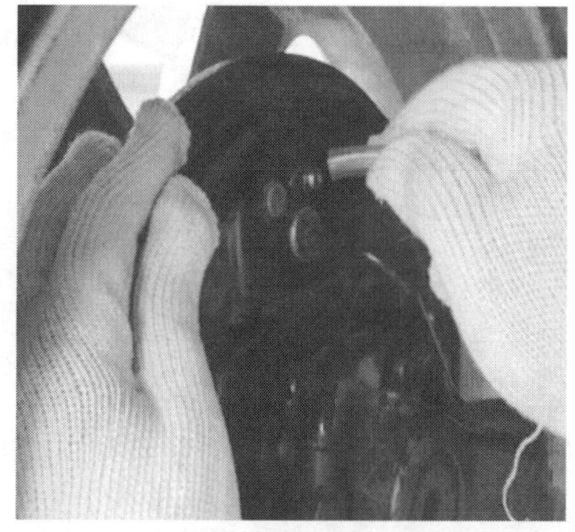

图 1-45　连接软管

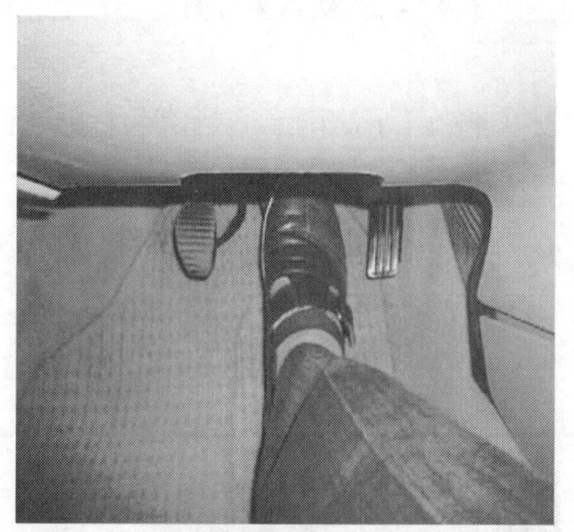

a) 踩下制动踏板

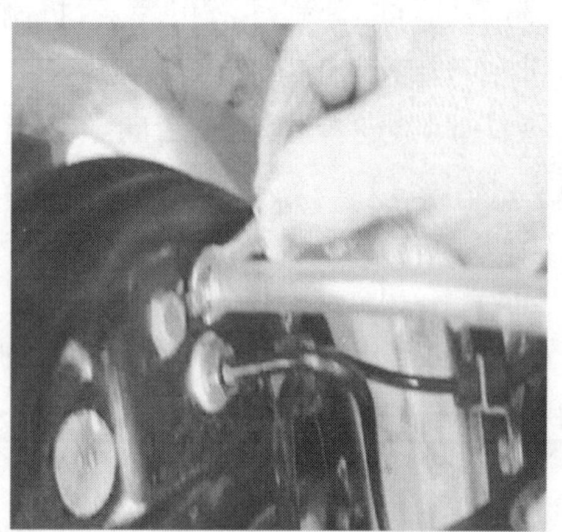

b) 拧松放气阀

图 1-46　踩下制动踏板和拧松放气阀

图 1-47　排放制动液

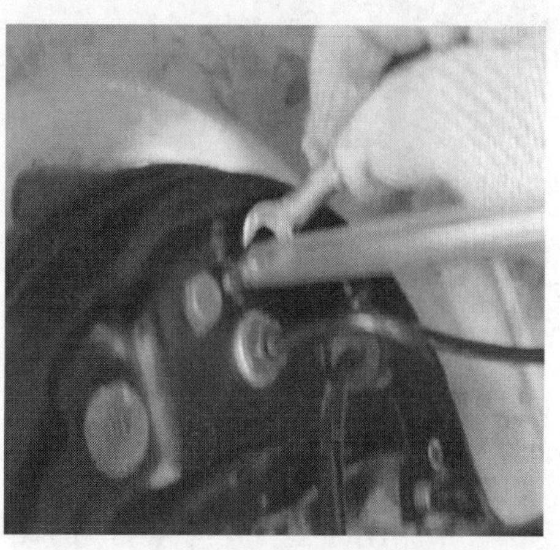

图 1-48　拧紧放气阀

(8)用抹布擦净制动轮缸放气阀周围的油液,即为汽车制动系统内的制动液排放完毕,如图1-49所示。

提示:重复以上操作步骤,分别完成左前轮、左后轮、右前轮制动管路的制动液排放操作。

2 清洗制动管路

提示:此操作需要两名同学互相配合完成。

(1)乙同学拔下安装在储油罐上的液位传感器插接器(图1-37),并旋下储液罐盖,摆放在零件车上(图1-38)。

(2)乙同学将漏斗放入储油罐加油口中并扶稳(图1-39)。

(3)乙同学旋开制动液包装盖,将制动液缓慢倒入储液罐内(图1-40),直到液面达到规定要求为止,旋紧储液罐盖。

(4)甲同学进入驾驶室,乙同学操作举升机,将车辆举升到适当高度,并进行安全锁止(图1-34)。

(5)乙同学用手取下左后车轮制动轮缸放气阀上的防尘帽,并摆放在零件车上(图1-44)。

(6)乙同学将塑料软管一端插入制动轮缸的放气阀上,另一端插入接油容器中,如图1-50所示。

图1-49　擦拭油液

图1-50　连接软管

(7)甲同学连续踩下—放松制动踏板,踩住制动踏板不放并向乙同学发出信号,乙同学使用排气扳手拧松制动轮缸上的放气阀(图1-46b)。

提示:在操作的过程中,须及时向储液罐中添加制动液,以保证制动液在规定的范围内。

(8)观察流入接油容器中制动液的颜色,重复(8)步操作,直到排出的制动液色泽鲜亮、无杂质,停止踩制动踏板,如图 1-51 所示。

(9)取下塑料软管,拧紧放气阀(图 1-48),擦净制动轮缸放气阀周围的油液(图 1-49),将车辆下降到地面,即为右后车轮制动管路清洗完毕,如图 1-52 所示。

提示:重复以上操作步骤,分别完成左前轮、左后轮、右前轮制动管路的制动液清洗操作。

图 1-51　观察制动液

图 1-52　降下车辆

3 制动系统排气

提示:此操作需要两名同学互相配合完成。

(1)甲同学进入驾驶室,乙同学操作举升机,将车辆举升至适当高度,并进行安全锁止(图 1-34)。

(2)乙同学用手取下车轮制动轮缸放气阀上的防尘帽,并摆放在零件车上(图 1-44)。

(3)乙同学将洁净的塑料软管一端插入制动轮缸的放气阀上,另一端插入装有新制动液的接油容器中液面以下的位置,如图 1-53 所示。

(4)甲同学连续踩下—放松制动踏板数次,当感觉制动踏板阻力增大时,踩住制动踏板(图 1-46a)并向乙同学发出信号。

(5)乙同学听到信号后,使用排气扳手,拧松制动轮缸上的放气阀(图 1-46b),制动液和空气快速进入接油容器中,如图 1-54 所示。

提示:排气过程中,甲同学的脚须随制动踏板下行,且不可放松制动踏板,并注意查看储液罐内制动液液面,做到及时添加。

(6)当进入接油容器中的制动液流速变慢时，乙同学拧紧制动轮缸上的放气阀（图1-48），并向甲同学发出信号。

(7)甲乙同学相互配合，重复(4)、(5)、(6)步的操作步骤，直到制动轮缸里的空气排放完毕，拧紧放气阀，取下塑料软管。

(8)擦净制动轮缸周围的油液（图1-49），即为车轮制动管路排气完毕。

图1-53　连接软管

图1-54　接收制动液

提示：按照以上步骤，按照右后车轮、左前车轮、左后车轮、右前车轮的顺序，分别对各个制动轮缸管路进行排气。

4 制动性能试验

图1-55　举升车辆

(1)操作举升机，将车辆举升至车轮离开地面的适当高度，并进行安全锁止，如图1-55所示。

(2)甲同学进入驾驶室，彻底放松驻车制动器操纵杆（图1-43），用力踩下制动踏板并保持制动位置（图1-46a）。

(3)用力转动前轮或后轮，如前轮或后轮均不能转动，说明制动性能良好，如图1-56所示。

(4)乙同学操作举升机，将车辆下降到地面，如图1-57所示。

(5)在条件允许的情况下，对车辆进行道路试验，检查汽车的制动距离、滑移率等性能参数。

图 1-56　转动车轮

图 1-57　下降车辆

5 整理工位

(1)拆除防护 5 件套,如图 1-58 所示。

a) 拆除转向盘防护套

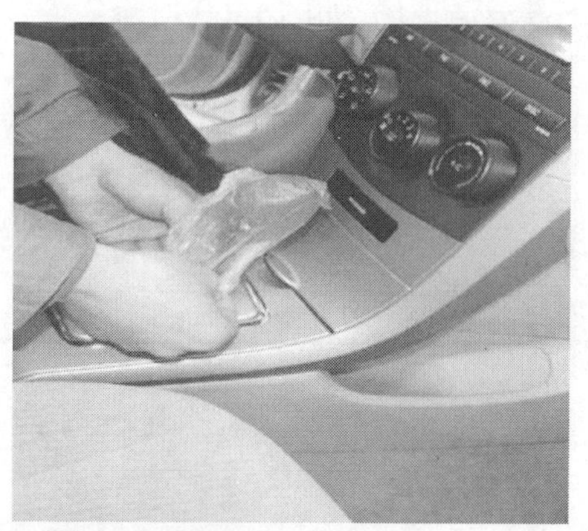

b) 拆除变速器变速杆防护套

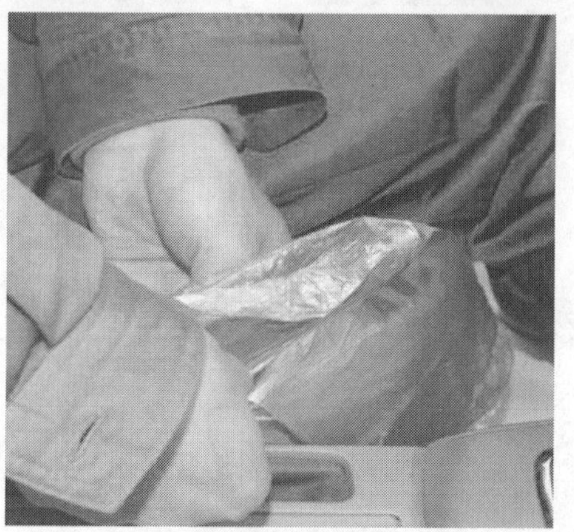

c) 拆除驻车制动器操纵杆防护套

图　1-58

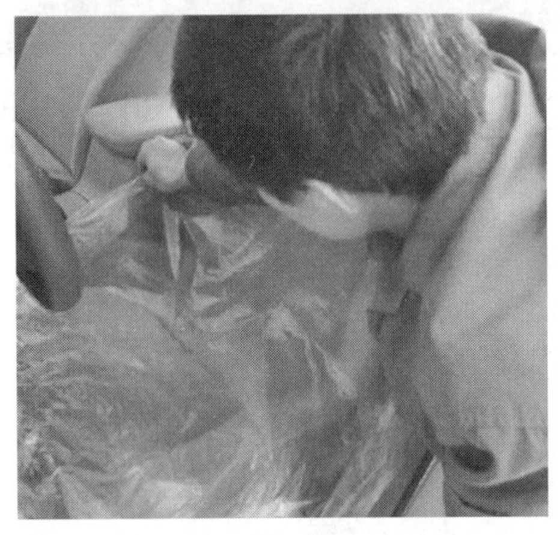

d) 拆除座椅防护套

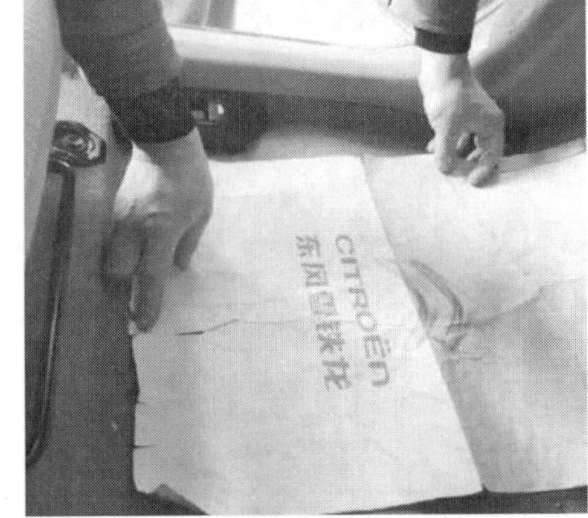

e) 拆除脚垫

图 1-58　拆除防护 5 件套

(2)清理工具、材料等,如图 1-59 所示。

(3)清洁现场,如图 1-60 所示。

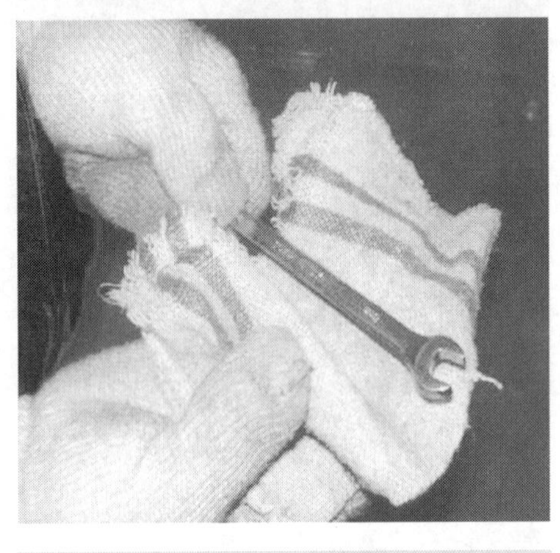

图 1-59　清理工具

图 1-60　清洁现场

三、评价与反馈

1. 对本学习任务进行评价,见表 1-1。

评　分　表　　表 1-1

考核项目	评分标准	分　数	学生自评	小组评价	教师评价	小　计
团队合作	是否和谐	5				
活动参与	是否积极、主动	5				

续上表

考核项目	评分标准	分数	学生自评	小组评价	教师评价	小计
安全生产	有无安全隐患	10				
现场5S	是否做到	10				
任务方案	是否正确、合理	15				
操作过程	1. 车辆停驻在举升机的中央位置,安全操作举升机; 2. 变速器置于空挡; 3. 拉紧驻车制动器操纵杆; 4. 安装5件套; 5. 检查储液罐内的制动液液面; 6. 进行泄漏检查; 7. 添加制动液; 8. 排放制动液; 9. 清洗制动管路; 10. 进行制动系统排气; 11. 进行制动性能检验	30				
任务完成情况	是否圆满完成	5				
工具与设备使用	是否标准、规范	10				
劳动纪律	是否严格遵守	5				
工单填写	是否完整、规范	5				
总分		100				
教师签名:		年 月 日	得分			

2. 在实施作业时每个安全事项和及时清理工作都注意到了吗?如没有,找出忽略的地方和原因。

3. 能否和其他维修人员配合完成制动系统的排气工作?如不能,请及时和其他维修人员进行沟通和交流,以达成默契。

四、学习拓展

1. 车主认为虽然制动液已经到了更换期限，色泽清透，还没变质，因此不需要更换。作为一名维修人员，你该如何解释？

2. 在制动系统排气过程中，拧松制动轮缸上的放气阀后，制动液和空气会快速流入接油容器中，此时，如放松了制动踏板会产生什么后果？应该如何正确操作？

3. 到附近的4S店看看，其他车型制动液的检查与更换有什么细微的差别？

学习任务二

制动踏板位置的检查和调整

学习目标

完成本学习任务后,你应当能:

1. 叙述液压制动系统的组成部件;
2. 正确地对制动系统进行泄漏检查;
3. 正确地检查制动管路中空气的留存情况;
4. 与同学密切合作,安全规范地检查和调整制动踏板位置。

建议完成本学习任务的时间为 8 课时。

学习任务描述

一辆桑塔纳轿车,车主反映制动性能不够理想,制动踏板位置过低,车主要求对制动踏板的位置进行检查和调整。

学习内容

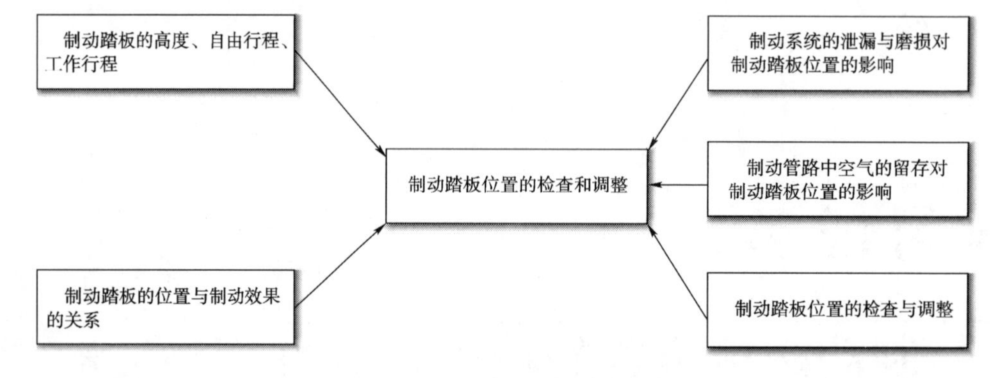

一、资料收集

引导问题1　什么是制动踏板的高度、自由行程、工作行程？

(1)制动踏板的高度，是指制动踏板在自由状态下，车内地板到制动踏板之间的距离。

(2)制动踏板的自由行程，是指制动踏板踩下时，推杆接触到主缸活塞的过程中，踏板移动的距离，它是制动主缸推杆与主缸活塞之间的间隙在踏板上的反映。

(3)制动踏板的工作行程＝制动踏板的高度－制动踏板的自由行程，如图2-1所示。

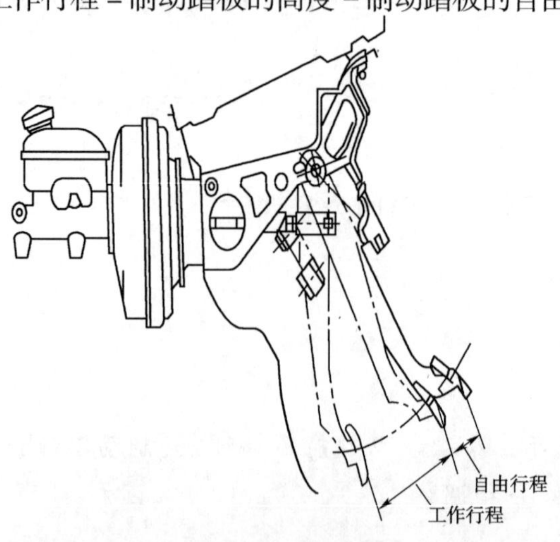

图2-1　制动踏板自由行程和工作行程

引导问题2 制动踏板的位置和制动效果的关系?

制动力的大小主要取决于踏板力,而踏板力的大小又与制动踏板位置有直接关系。如果制动踏板位置不当,制动系统就不能够产生理想的制动效果,就会使车辆操控性能、安全性能下降,安全驾驶难以保证。因此,制动踏板的高度、自由行程、工作行程都必须符合技术要求。

引导问题3 制动系统的泄漏与磨损对制动踏板的影响有哪些?

制动踏板的工作行程 = 制动踏板的高度 - 制动踏板的自由行程。当制动踏板的自由行程适当时,如果制动系统泄漏或者磨损过度,就会降低制动踏板的高度,从而导致制动踏板的工作行程变小,进而就会导致制动不灵、制动力不足、制动滞后等不良现象的发生。

引导问题4 制动管路中空气的留存对制动踏板的影响有哪些?

制动管路中如果有空气,对制动踏板的影响如下。

(1)制动踏板的高度会有所下降,但是,连续踩几次制动踏板,踏板高度又会逐渐升高;

(2)在制动时,管路内气体被压缩,压力升高,其反作用力使压缩的活塞组件及推杆等出现反弹,造成制动踏板抖动;

(3)在制动时,由于空气的可压缩性,使制动液的出油压力达到有效压力值滞后,制动踏板工作行程增加。

二、实 施 作 业

引导问题5 作业过程中,除了举升机,还需要哪些工具、设备和材料?

不同车型作业的工具、材料和设备会有所区别,下面以爱丽舍轿车为例进行作业,作业需要的工具、设备和材料如下。

(1)磁力护裙、翼子板布、防护5件套(图1-18)。

(2)棉纱、接油容器、漏斗、手电筒(图1-19)。

(3)排放空气的8mm扳手(图1-20)、钢直尺,如图2-2所示。

(4)爱丽舍轿车维修手册。

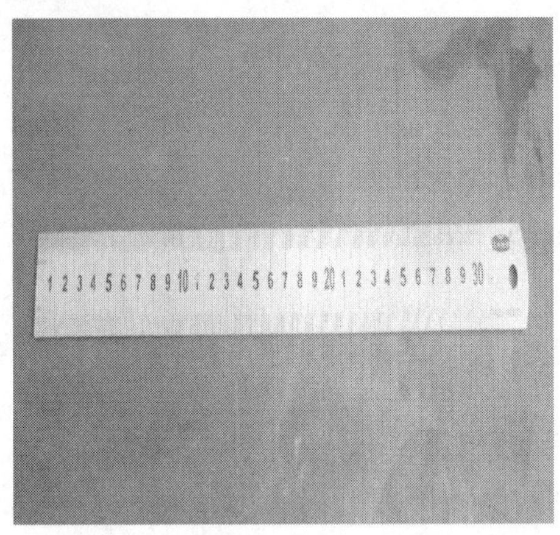

图2-2　钢直尺

引导问题6　作业前的准备工作有哪些?

(1)车辆进入工位前,清洁工位(图1-21),准备好相关的工具、量具及材料。

(2)将待检车辆停驻在举升机中央位置(图1-22)。

(3)安装转向盘防护套(图1-23)。

(4)安装座椅防护套(图1-24)。

(5)安放脚垫(图1-25)。

(6)安装变速器变速杆防护套(图1-26)。

(7)安装驻车制动器操纵杆防护套(图1-27)。

(8)拉紧驻车制动器操纵杆,并将手动变速器置于空挡(自动变速器置于N位),如图1-28所示。

(9)支撑发动机罩(图1-29)。

(10)粘贴前脸磁力护裙(图1-30)和左、右翼子板布。

引导问题7　如何检查制动踏板的位置?

(1)连续踩制动踏板数次,释放制动助力器中的残余真空度,如图2-3所示。

(2)取出制动踏板下方的地板垫,便于精确测量,如图2-4所示。

(3)用钢直尺测量制动踏板高度。

①将钢直尺垂直于制动踏板下方的地板面放置,同时使制动踏板接触钢直尺,

以便精确读取测量值,如图 2-5 所示。

图 2-3　踩制动踏板

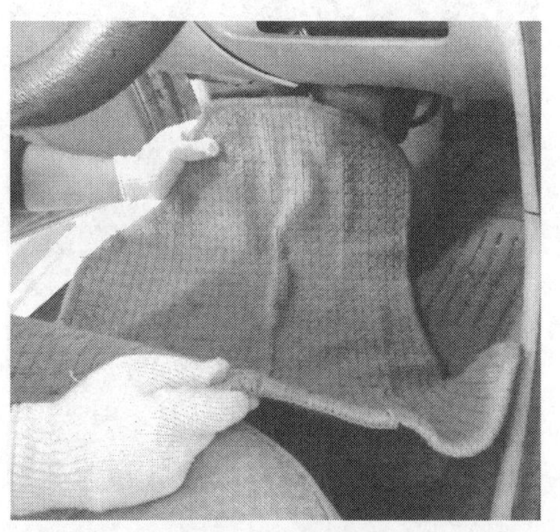

图 2-4　取出地板垫

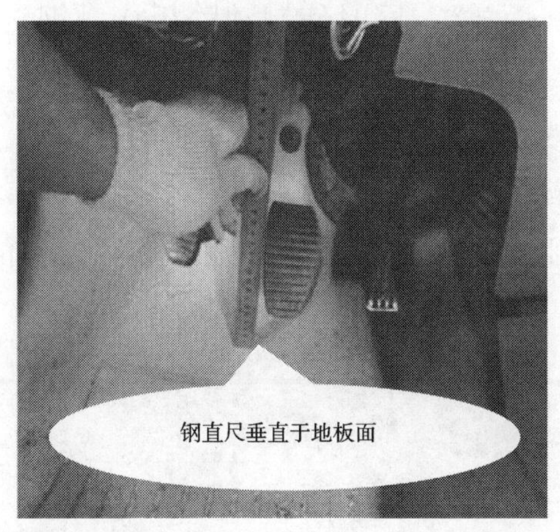

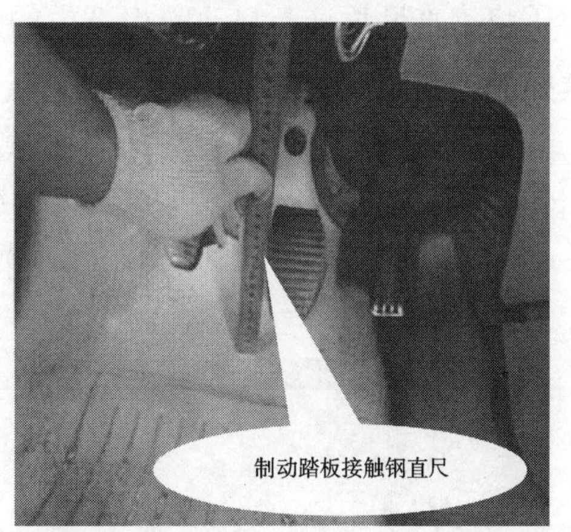

图 2-5　放置钢直尺

②读取制动踏板上表面在钢直尺上的数值,该数值即为制动踏板高度。

(4)用钢直尺测量制动踏板自由行程。

①将钢直尺垂直于制动踏板下方的地板面放置,同时使制动踏板接触钢直尺,以便精确读取测量值,如图 2-5 所示。

②读取制动踏板处于自由状态时,上表面在钢直尺上的高度值 a,如图 2-6 所示。

③用手稍用力下压制动踏板,当感觉阻力增大时,停止下压,读取此时制动踏板的上表面在钢直尺上的读数 b,如图 2-7 所示。

④计算 $a-b$,即为制动踏板自由行程。

(5)用钢直尺测量制动踏板工作行程。

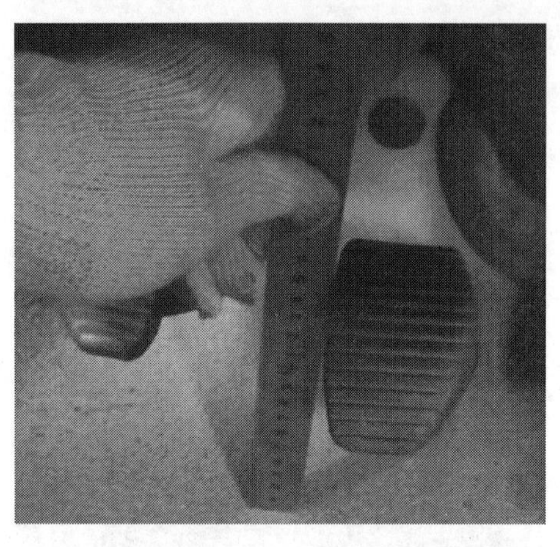

图 2-6　读取钢直尺的数值

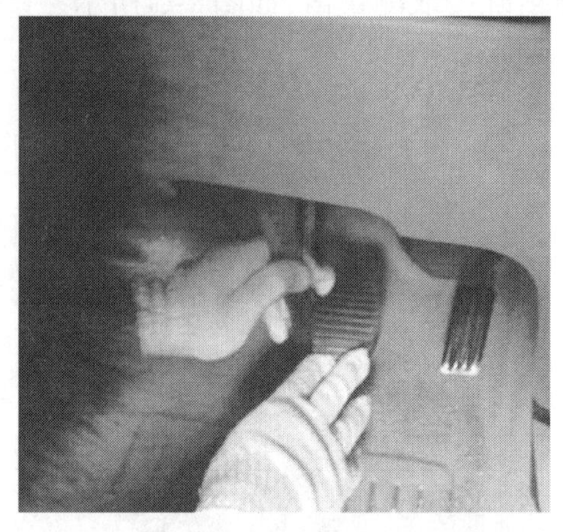

图 2-7　下压制动踏板

①将钢直尺垂直于制动踏板下方的地板面放置，同时使制动踏板接触钢直尺，以便精确读取测量值，如图 2-5 所示。

②用手稍用力下压制动踏板，当感觉阻力增大时，停止下压，读取此时制动踏板的上表面在钢直尺上的读数 b，如图 2-8 所示。

③用力踩下制动踏板到止动位置，读取此时制动踏板的上表面在钢直尺上的读数 c，如图 2-9 所示。

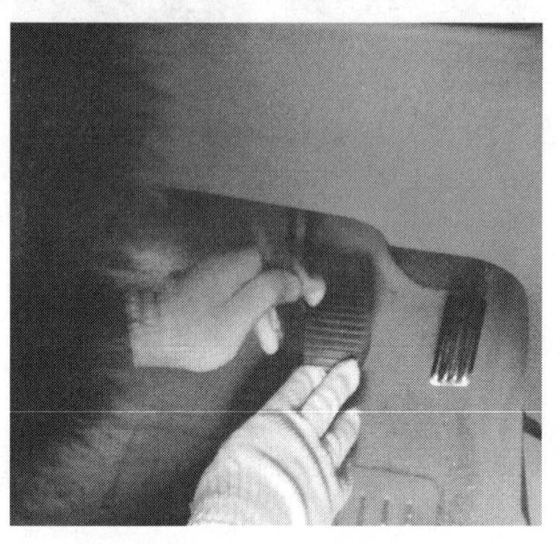

图 2-8　再次下压制动踏板

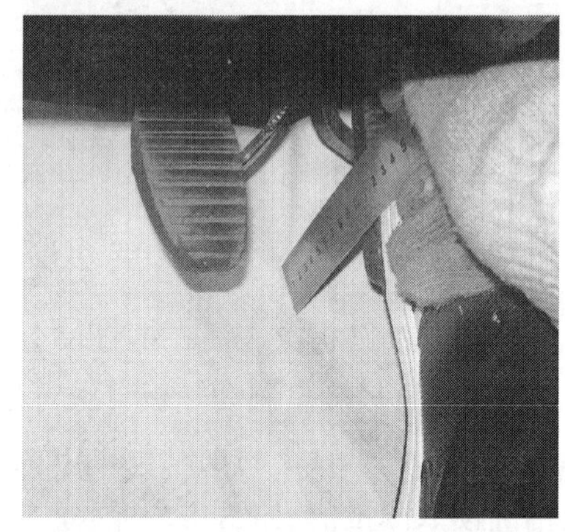

图 2-9　踩下制动踏板

④计算 $b-c$，即为制动踏板工作行程。

引导问题 8　**如果制动踏板工作行程小于规定值，怎么办？**

不同的车型，制动踏板的规定值有所不同，见表 2-1。

常见车型的制动踏板规定值　　表 2-1

车型 / 参数	桑塔纳 2000GSi	捷达(CL、GL)	卡罗拉(1.6L)
制动踏板自由行程(mm)	10～15	15～25	1.0～6.0
制动踏板工作行程(mm)	75	75	85

如果制动踏板工作行程小于规定值,应进行如下作业。

1 制动系统的泄漏检查

(1)检查制动主缸、储液罐、油管是否有泄漏(图 1-33)。

(2)操作举升机,将车辆举升至适当高度,并进行安全锁止(图 1-34)。

(3)检查制动管路和车身底板是否有油渍(图 1-35)。

(4)检查制动轮缸是否有泄漏(图 1-36)。

提示:如果有泄漏,应该排除泄漏故障后,再进行下一步的作业。

2 储液罐中液面高度检查

(1)找出制动系统储液罐的安装位置(图 1-31)。

(2)检查储液罐内的制动液液面是否正常(图 1-32)。

提示:如储液罐制动液液面低于规定值,应该及时添加制动液到规定值。

3 制动灯开关的磨损检查

(1)在转向盘下方找出制动灯开关,如图 2-10 所示。

(2)确定点火开关处于关闭状态,拔下制动灯开关插接器,如图 2-11 所示。

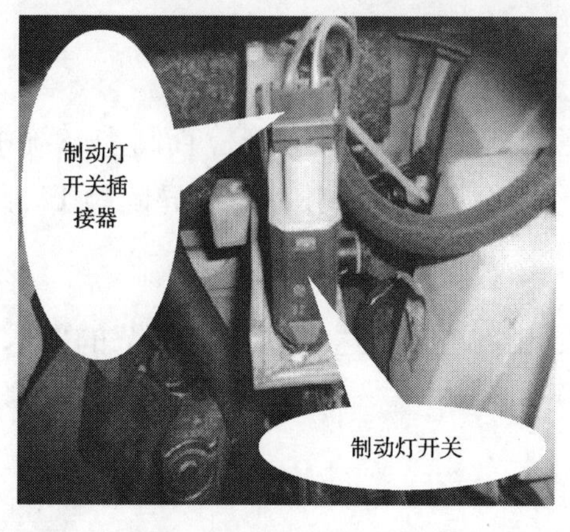

图 2-10　制动灯开关

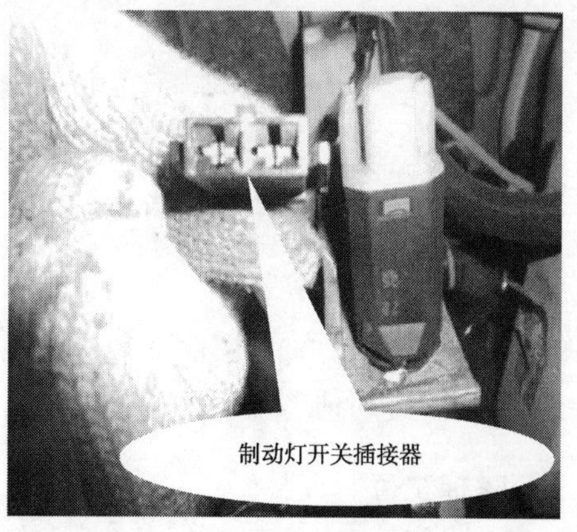

图 2-11　拔下制动灯开关插接器

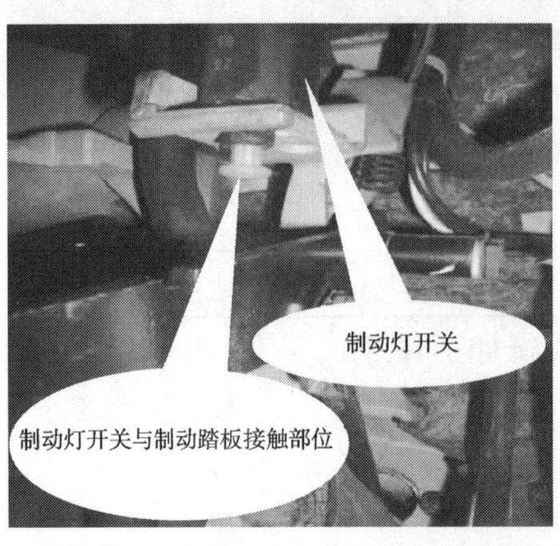

图 2-12　磨损检查

(3)检查制动灯开关与制动踏板接触部位的磨损情况,如图 2-12 所示。

(4)如果磨损使制动灯开关推杆的凸出部分间隙不在 1.5 ~2.5mm 内,应更换。

4 进行调整

下面以桑塔纳轿车为例,叙述调整过程。

(1)顺着制动踏板的连接杆找到制动踏板高度的调整螺母,如图 2-13 所示。

图 2-13　制动踏板高度的调整螺母

(2)使用 17mm 的呆扳手(又称开口扳手)对调整螺母进行调整,直到制动踏板的高度到达规范的范围为止,调整完毕后,把调整螺母拧紧,如图 2-14 所示。

5 制动系统的排空

如果经过反复的调整仍然不能达到规定的技术要求,就应该检查制动系统中是否有空气存在,并排除空气后再进行下一步作业(见学习任务一之引导问题 12,此处不再赘述)。

提示:经过检查与调整作业后,制动踏板的位置仍然达不到技术规范的要求,就需要对制动器进行维护和调整。

6 整理工位

(1)拆除防护 5 件套(图 1-58)。

(2)清洁整理工具、量具、材料等,清洁量具如图 2-15 所示。

图 2-14 对调整螺母进行拧紧

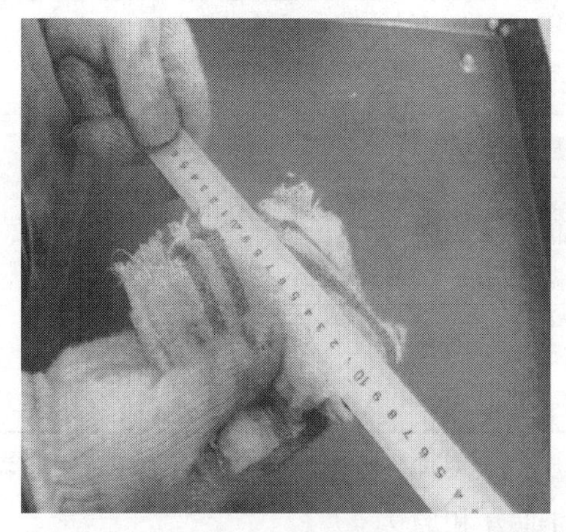

图 2-15 清洁量具

(3)清洁现场(图 1-60)。

三、评价与反馈

1. 对本学习任务进行评价,见表 2-2。

评 分 表 表 2-2

考核项目	评分标准	分 数	学生自评	小组评价	教师评价	小 计
团队合作	是否和谐	5				
活动参与	是否积极、主动	5				
安全生产	有无安全隐患	10				
现场 5S	是否做到	10				
任务方案	是否正确、合理	15				
操作过程	1. 车辆停驻在举升机的中央位置,安全操作举升机; 2. 变速器置于空挡; 3. 拉紧驻车制动器操纵杆; 4. 安装 5 件套; 5. 取出制动踏板下方的地板垫; 6. 正确检查制动踏板高度; 7. 正确检查储液罐内的制动液面; 8. 正确进行泄漏检查; 9. 正确给制动系统排气; 10. 正确进行制动灯开关的磨损检查	30				

续上表

考核项目	评分标准	分数	学生自评	小组评价	教师评价	小计
任务完成情况	是否圆满完成	5				
工具与设备使用	是否标准、规范	10				
劳动纪律	是否严格遵守	5				
工单填写	是否完整、规范	5				
总分		100				
教师签名：		年　月　日		得分		

2. 在实施作业时每个安全事项和及时清理工作都注意到了吗？如没有，找出忽略的地方和原因。

3. 能否独立完成制动踏板位置的检查工作？如不能，请及时和其他维修人员进行沟通和交流，找出自己的不足。

四、学 习 拓 展

1. 为什么在对制动踏板的高度进行调整前，要进行制动液液面高度检查、泄漏检查、磨损检查等作业呢？

2. 在进行制动踏板高度调整时，总是边调整边测量，通过几次调整，最终使得制动踏板高度到达技术规范的要求。有什么好的方法能够减少“边调整边测量”的次数呢？

3. 去不同汽车品牌的4S店看看，是否市场上常见的车型都需要调整制动踏板位置？调整方法和步骤有哪些不同点和相同点？

学习任务三

驻车制动器的检查与调整

学习目标

完成本学习任务后，你应当能：

1. 叙述驻车制动器的组成和工作原理；
2. 了解驻车制动器的类型；
3. 正确地使用工具和设备；
4. 与同学密切合作，安全规范地检查和调整驻车制动器。

建议完成本学习任务的时间为 12 课时。

学习任务描述

一辆爱丽舍轿车，行驶了 30000km，车主描述说，驻车制动器制动作用有所下降，要求对驻车制动器进行维护。需要你按照维护标准和要求，对驻车制动器进行检查和调整。

学习内容

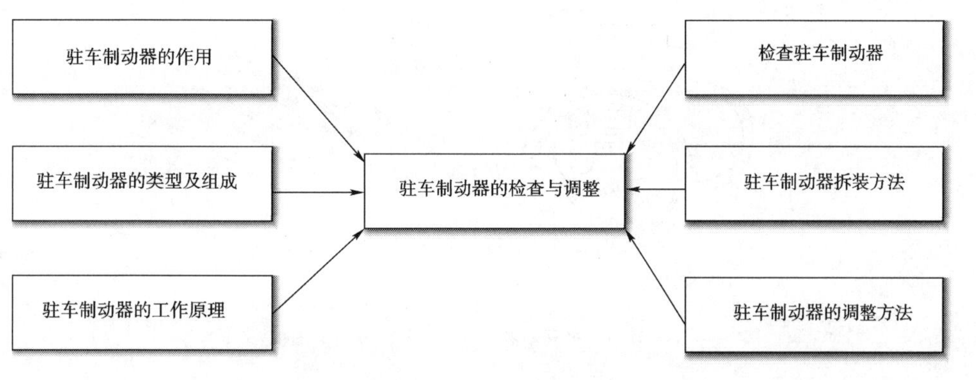

一、资料收集

引导问题1 驻车制动器的作用是什么?

驻车制动器(俗称手刹)是汽车制动系统的重要组成部分,主要作用是车辆停驶后防止车辆移动;便于在坡道上起步;在行车制动器失效后临时使用或配合行车制动器进行紧急制动。

引导问题2 驻车制动器有哪些类型?

驻车制动器根据安装位置的不同可分为中央制动式和车轮制动式两种。

中央制动式的制动器一般安装在变速器或分动器的后面,制动时通过锁止传动轴,起到驻车制动的目的。此驻车制动方式多用于货车和大、中型客车上。如东风EQ1092货车、GZ660大客车等车型就采用此驻车制动器。

车轮制动式与车轮制动器共用一个制动器总成,传动机构是相互独立的两套装置。此驻车制动方式结构简单、紧凑,应用广泛。如东风雪铁龙爱丽舍、世嘉、桑塔纳2000等车型均采用此驻车制动器,如图3-1所示。

根据操纵方式的不同分为手拉式、脚踏式、电子式。

手拉式驻车制动器的操纵杆一般布置在驾驶人座椅的右侧,便于驾驶人操纵。拉起操纵杆驻车制动器就起作用,放下操纵杆即解除驻车制动。如东风雪铁龙爱丽舍、世嘉、桑塔纳2000等车型。

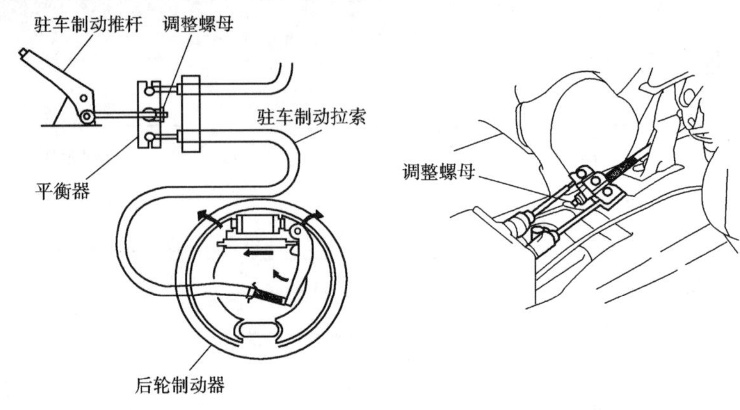

图 3-1　驻车制动器(车轮制动式)布置简图

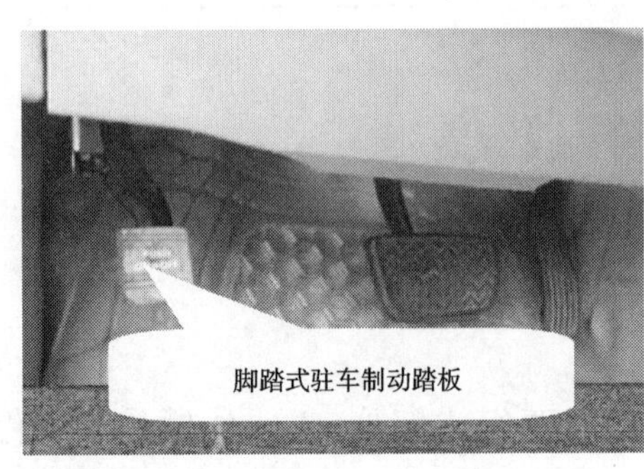

图 3-2　脚踏式驻车制动器

脚踏式驻车制动器的操纵踏板(图 3-2)一般布置在驾驶舱底板的左侧,驾驶人用左脚操纵。设置驻车制动的时候,直接用脚踩下驻车制动踏板就可以了。解除驻车制动的时候则随着车型的不同而不同,解除方法有两种,一种是直接踩驻车制动踏板一下就解除驻车制动,如凯美瑞、天籁等车型;还有一种是在驻车制动踏板的上方专门设有释放驻车制动的拉手,直接拉一下就可以解除驻车制动。

电子式驻车制动器的使用方法都是通过一个按键来启动或关闭驻车制动功能。此按键有的布置在仪表板上转向盘左侧,靠近左车门处(图 3-3);有的布置在变速器变速杆附近(图 3-4)。启动电子驻车制动器可以在车辆任何状况下进行启动,即使在行驶过程中误操作,由于节气门还处在工作位置,所以电子驻车制动器功能也会立即关闭;如果在紧急制动过程中按下按键,大部分电子驻车制动系统都会额外提供更强的制动力来辅助。如一汽大众迈腾、上海大众途观等车型。

图 3-3　电子式驻车制动器(仪表板上)

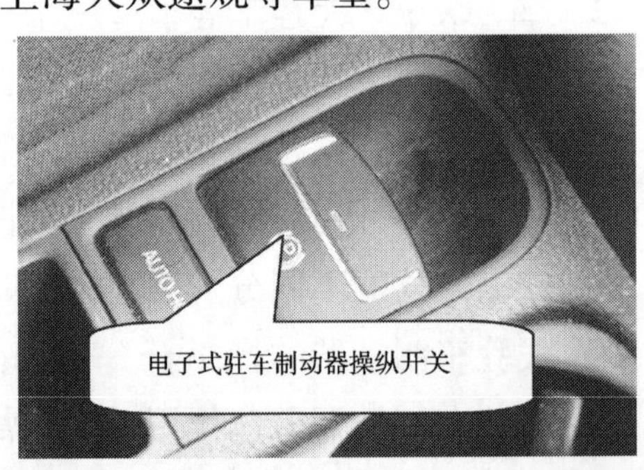

图 3-4　电子式驻车制动器(变速器变速杆附近)

引导问题 3 驻车制动器由哪些零部件组成?

不同类型的驻车制动器组成会有所区别,一般都由传动机构、锁止机构、制动器组成。

传动机构由操纵杆或踏板、拉杆或拉索、调整螺母等组成。锁止机构由按钮、弹簧、手柄套、棘爪等组成。如图 3-5 所示,为东风雪铁龙爱丽舍轿车驻车制动器传动机构、锁止机构示意图。

制动器常用的有盘式、鼓式和后轮车轮制动器兼驻车制动器。盘式和鼓式驻车制动器主要在中央制动式上应用较多,它是在变速器或分动器后面和传动轴之间安装一个独立的制动器。后轮车轮制动器兼驻车制动器主要在轿车上应用较多,它是在后轮制动器中安装一个驻车制动推杆。

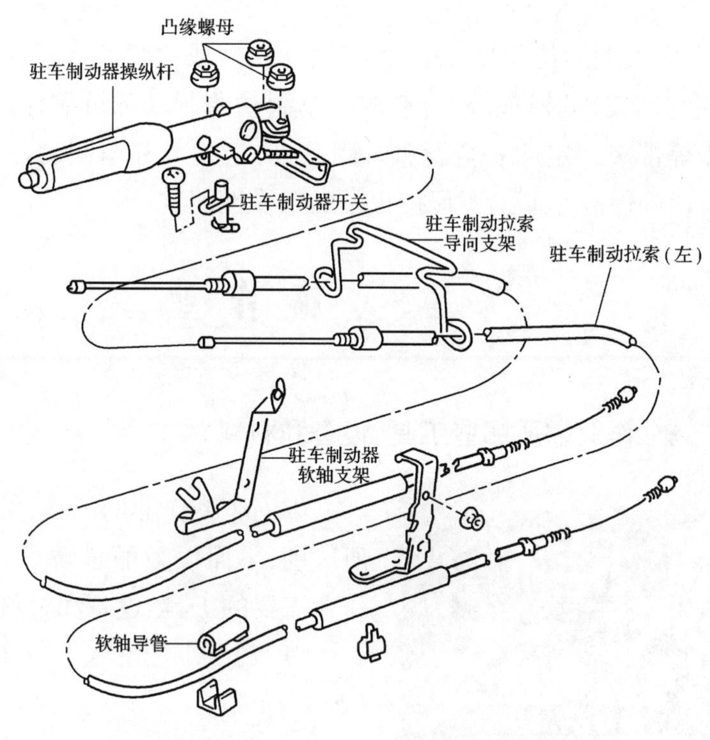

图 3-5 爱丽舍轿车驻车制动器传动机构、锁止机构示意图

引导问题 4 驻车制动器的工作原理是什么?

不制动时,驻车制动器操纵杆在最前端位置,在定位弹簧和拉簧的作用下,两个制动摩擦片与制动盘(或制动鼓)保持一定的间隙,制动器不起制动作用。

制动时,向后拉动驻车制动推杆(或踩下驻车制动踏板),在制动推杆或拉索的作用下,两个制动摩擦片克服定位弹簧和拉簧的阻力,消除了与制动盘(或制动鼓)的间隙,产生制动作用。并由锁止机构中的棘爪将驻车制动器操纵杆锁止在制动位置。

需要解除驻车制动时,先按下驻车制动器操纵杆上的按钮(或踩下驻车制动踏板)稍微将驻车制动推杆向后拉起,以解除锁止机构的锁止作用,再将驻车制动推杆向前移动到最前端位置。由于制动推杆或拉索伸长,在定位弹簧和拉簧的作用下,两个制动摩擦片与制动盘(或制动鼓)恢复了间隙,制动器的制动作用被解除。

引导问题5　为什么要定期对驻车制动器进行检查与调整?

驻车制动器在长期的使用过程中,由于制动拉杆或拉索的磨损、拉伸,制动摩擦片与制动盘(或制动鼓)的损耗等,会造成驻车制动器制动的可靠性下降,给车辆的停驻、坡道起步等带来一定的安全隐患。因此,应定期对驻车制动器的工作状态进行检查与调整,以确保驻车制动器保持正常的工作性能。

二、实 施 作 业

引导问题6　作业需要哪些工具、设备和材料?

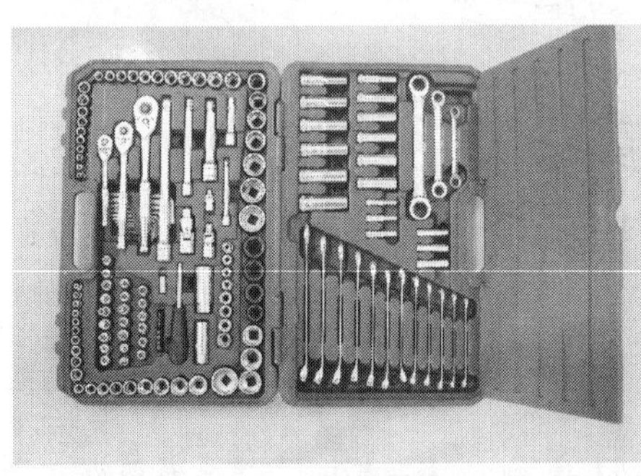

图3-6　组合工具

不同车型作业的工具、材料和设备会有所区别,下面以爱丽舍轿车为例进行作业,作业需要的工具、设备和材料如下。

(1)磁力护裙、翼子板布、防护5件套(图1-18)。

(2)举升机。

(3)爱丽舍轿车维修手册。

(4)组合工具一套,如图3-6所示。

引导问题7　通过查询和查找,填写以下信息。

生产年份________,车牌号码________,行驶里程________,发动机型号及排量

________,车辆识别代号(VIN)________。

制动系统布置形式:前________,后________。

驻车制动器类型:________。

提示:生产年份、发动机型号及排量、识别代码等信息可看汽车的铭牌;制动系统相关信息可参考维修手册。

引导问题 8　作业前的准备工作有哪些?

(1)车辆进入工位前,清洁工位,准备好相关的工具、量具及材料(图 1-5)。

(2)将待检车辆停驻在举升机中央位置(图 1-22)。

(3)安装转向盘防护套(图 1-23)。

(4)安装座椅防护套(图 1-24)。

(5)安放脚垫(图 1-25)。

(6)安装变速器变速杆防护套(图 1-26)。

(7)安装驻车制动器操纵杆防护套(图 1-27)。

(8)拉紧驻车制动器操纵杆,并将手动变速器置于空挡,自动变速器置于 N 位(图 1-28)。

(9)支撑发动机罩(图 1-29)。

(10)粘贴前脸磁力护裙和左、右翼子板布(图 1-30)。

引导问题 9　怎样正确检查驻车制动器工作的可靠性?

爱丽舍轿车驻车制动器的特点是:手拉式,用拉索传递力矩,和后轮共用一个制动器。

(1)将车辆举升到合适的高度,检查驻车制动器拉索软轴是否在车身下有移位或磨损的现象。如磨损较严重,需更换拉索软轴;如有移位则需要进行复位作业,如图 3-7 所示。

(2)将车辆降低到离地面 20cm 左右的位置,使 4 个车轮悬空,如图 3-8 所示。

(3)进入驾驶室,按下操纵杆前端的按钮,解除驻车制动器的制动作用。连续踩下一放松制动踏板 10 次,然后再彻底放松制动踏板。这样做的目的是检查车轮制动器复位的性能是否良好。

(4)转动各个车轮,检查车轮是否有卡滞的现象,如图 3-9 所示。

图 3-7　检查驻车制动器拉索软轴

图 3-8　车轮悬空

图 3-9　检查车轮有无卡滞

提示:如某个车轮转动正常,说明该车轮制动器复位性能良好;如某个车轮转动阻力过大,则说明该车轮制动器复位性能不良,复位性能不良需进行拆检作业。

(5)缓慢的拉紧驻车制动器操纵杆,检查驻车制动器棘爪的锁止性能,如图 3-10 所示。

提示:在拉动的过程中,应听到"咔咔"的声音。如棘爪锁止不可靠,则需要更换。

(6)按下驻车制动器操纵杆前端按钮,检查按钮性能和解除锁止性能,如图 3-11 所示。

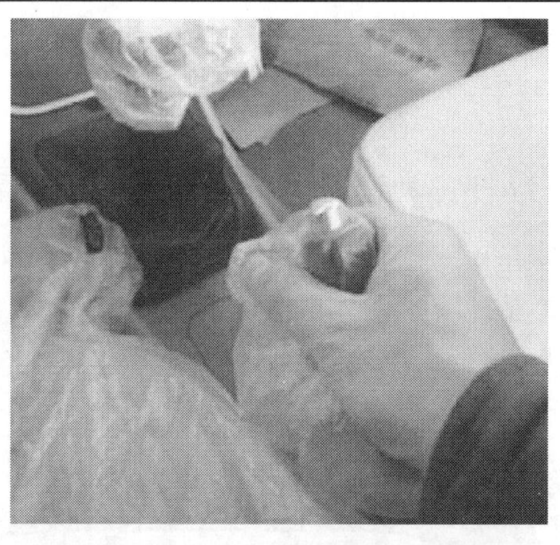

图 3-10　检查驻车制动器棘爪的锁止性能

图 3-11　检查驻车制动器操纵杆前端按钮

(7)把点火开关转到“ON”位置,拉紧驻车制动器操纵杆,检查仪表板上驻车制动器指示灯是否点亮;按下驻车制动器操纵杆前端按钮,解除驻车制动作用,检查仪表板上驻车制动器指示灯是否熄灭,如图 3-12a)所示。如驻车制动器指示灯工作不正常,则需检查驻车制动器开关,如图 3-12b)所示。

a)

b)

图 3-12　检查驻车制动器指示灯

引导问题 10　怎样正确调整驻车制动器？

(1)进入驾驶室,向后拉起驻车制动器操纵杆,当听到"咔咔咔咔"声四响后,松开操纵杆,使操纵杆锁止在此位置(图 3-10)。

(2)将车辆举升到离地面 20cm 左右的位置,使车轮离地悬空(图 3-8)。

(3)用手分别转动两个后车轮,如车轮能转动,说明驻车制动器工作性能不良,需调整;如车轮不能转动,说明驻车制动器工作性能良好,如图 3-13 所示。

(4)向上抬起座椅移动操纵杆,把座椅移到最前端位置,如图 3-14 所示。

图 3-13　检查驻车制动器工作性能

图 3-14　座椅移动操纵杆

(5)用内六角套筒和接杆拆下驻车制动器操纵杆罩盖后端固定螺钉,如图 3-15a)所示;揭开变速器变速杆前的装饰盖板,用合适的内六角套筒和接杆拆下驻车制动器操纵杆罩盖前端固定螺钉,如图 3-15b)所示。

a)

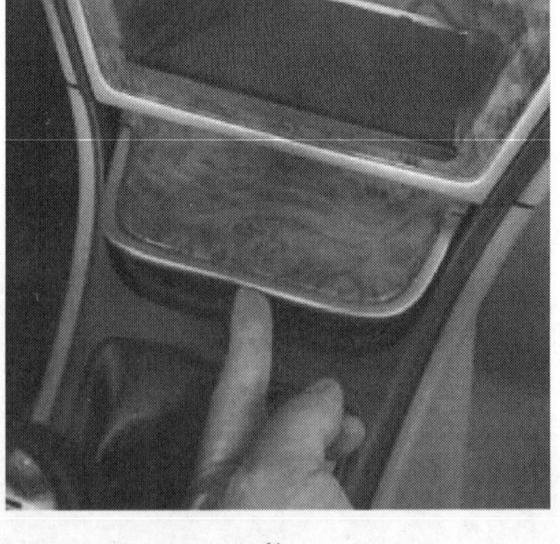

b)

图 3-15　驻车制动器操纵杆罩盖固定螺钉

(6)拉紧、放松驻车制动器操纵杆10次,将驻车制动器操纵杆锁止在4齿处(即听到"咔咔咔咔"声4响),用13mm开口扳手拧紧调整螺母,直至后轮不能转动为止,如图3-16所示。

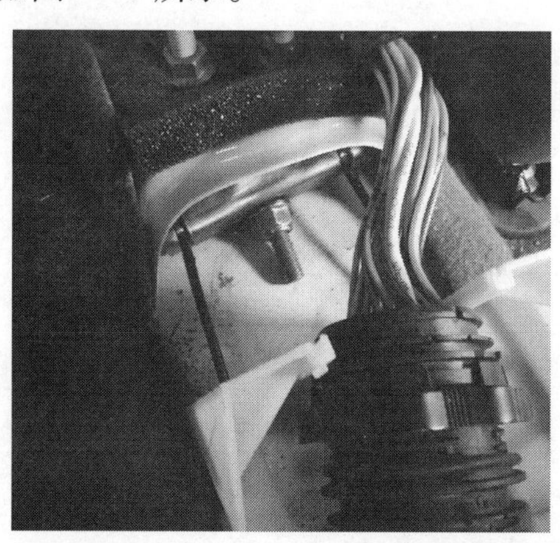

图3-16 调整驻车制动器

(7)放松和拉紧驻车制动器操纵杆4~5次,将驻车制动器操纵杆仍锁止在4齿处(图3-10);检查后轮是否可以转动(图3-13)。

(8)松开驻车制动器操纵杆,检查后轮是否可以转动(图3-13)。

(9)重复上述(6)、(7)、(8)的操作,直至调整合格为止。即拉紧驻车制动器操纵杆(需锁止在4齿处)时,后轮不能转动;放松驻车制动器操纵杆时,后轮可以自由的转动。

(10)将车辆降至地面,装上驻车制动器操纵杆罩盖,将座椅移动到原来的位置。

(11)清理工具,收回防护5件套,现场清洁(图1-58~图1-60)。

引导问题11 怎样在车辆运行状态下检验驻车制动器的工作性能?

(1)进入驾驶室,将变速器变速杆置于空挡,拉紧驻车制动器操纵杆,打开点火开关,起动发动机。

(2)待发动机完成预热后,将变速器换入1挡,左脚缓慢抬起,放松离合器,查看发动机运转情况。如离合器踏板完全松开后,发动机不熄火,说明驻车制动器工作性能不良,需重新调整驻车制动器或拆检后轮制动器;如发动机熄火,说明驻车制动器工作性能良好。

(3)如条件允许,还可以在30°的坡道上检验驻车制动器的工作性能。将车辆停驶到30°的坡道上,将变速器变速杆置于空挡,拉紧驻车制动器操纵杆,缓慢松开制动踏板,观察车辆有无溜滑的现象发生。如车辆发生溜滑,则说明驻车制动器工作

性能不良,需重新调整驻车制动器或拆检后轮制动器。

提示:进行坡道溜滑实验时,车辆前面和后面不能有人员站立。

三、评价与反馈

1. 对本学习任务进行评价,见表3-1。

评　分　表　　　　表3-1

考核项目	评分标准	分数	学生自评	小组评价	教师评价	小计
团队合作	是否和谐	5				
活动参与	是否积极、主动	5				
安全生产	有无安全隐患	10				
现场5S	是否做到	10				
任务方案	是否正确、合理	15				
操作过程	1. 驻车制动器的检查方法; 2. 驻车制动器的调整方法; 3. 调整后的检验方法	30				
任务完成情况	是否圆满完成	5				
工具与设备使用	是否标准、规范	10				
劳动纪律	是否严格遵守	5				
工单填写	是否完整、规范	5				
总　分		100				
教师签名:		年　月　日		得　分		

2. 在实施作业时每个安全事项都注意到了吗？如没有,找出忽略的地方和原因。

3. 能否在实施作业后与同学们分享检查与调整驻车制动器的流程？如不能，请及时与同学们进行沟通和交流。

四、学 习 拓 展

1. 为什么在调整驻车制动器之前拉紧、放松驻车制动器操纵杆 10 次？

2. 为什么先要检查驻车制动器拉索软轴的位移和磨损情况？

3. 到其他品牌的 4S 店去看看，其他车型的驻车制动器检查与调整方法有什么不同？

学习任务四

制动蹄、制动鼓的检查和更换

学习目标

完成本学习任务后，你应当能：

1. 叙述鼓式制动器制动系统的组成和工作原理；
2. 明确制动蹄、制动鼓的分类；
3. 正确地使用工具、量具和设备；
4. 与同学密切合作，安全规范地检查和更换制动鼓、制动蹄摩擦片。

建议完成本学习任务的时间为12课时。

学习任务描述

一辆爱丽舍轿车，行驶了30000km，车主要求对制动系统进行维护。需要你按照维护标准和要求，对后轮鼓式制动器进行检查和必要部件的更换。

学习内容

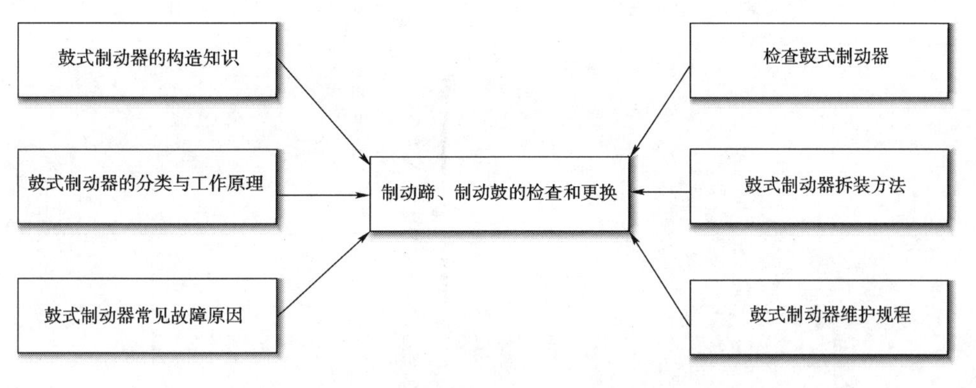

一、资料收集

引导问题 1 鼓式车轮制动器的基本结构和分类是什么？

车轮制动器是旋转元件固装在半轴或车轮上，制动力直接作用在两侧车轮上的制动器。目前汽车上使用的制动器基本上都是依靠固定元件和旋转元件工作面之间的摩擦来完成制动的。

车轮制动器根据旋转元件的结构不同，车轮制动器可分为鼓式车轮制动器和盘式车轮制动器。

鼓式车轮制动器多为内张双蹄式，它主要由旋转部分，如制动鼓；固定部分，如制动底板、制动蹄；张开机构，如制动轮缸、制动凸轮等；定位调整机构，如支撑销、调整凸轮等组成，有的鼓式制动器中还有驻车制动装置，如图 4-1 所示。

根据张开机构的不同又可分为凸轮式和轮缸式。凸轮式主要应用在气压制动的大、中型客车和货车上，它是以压缩空气为介质，通过一套装置驱动制动凸轮发生一定角度的旋转来达到制动作用，如 CA1092、EQ1091 等车型均采用此制动器。轮缸式主要应用在采用液压制动的轻型汽车和轿车上，它是以制动液为介质，使具有一定压力的制动液进入制动轮缸，推动制动轮缸中的活塞向外运动来达到制动作用。如东风雪铁龙爱丽舍、上海大众桑塔纳普通型及 2000 型、五菱宏光等车型的后轮均采用鼓式制动器。

由于鼓式车轮制动器具有结构简单、操作容易、价格低廉的特点，故现在一些轻

型汽车和部分轿车的后车轮还在使用鼓式制动器。

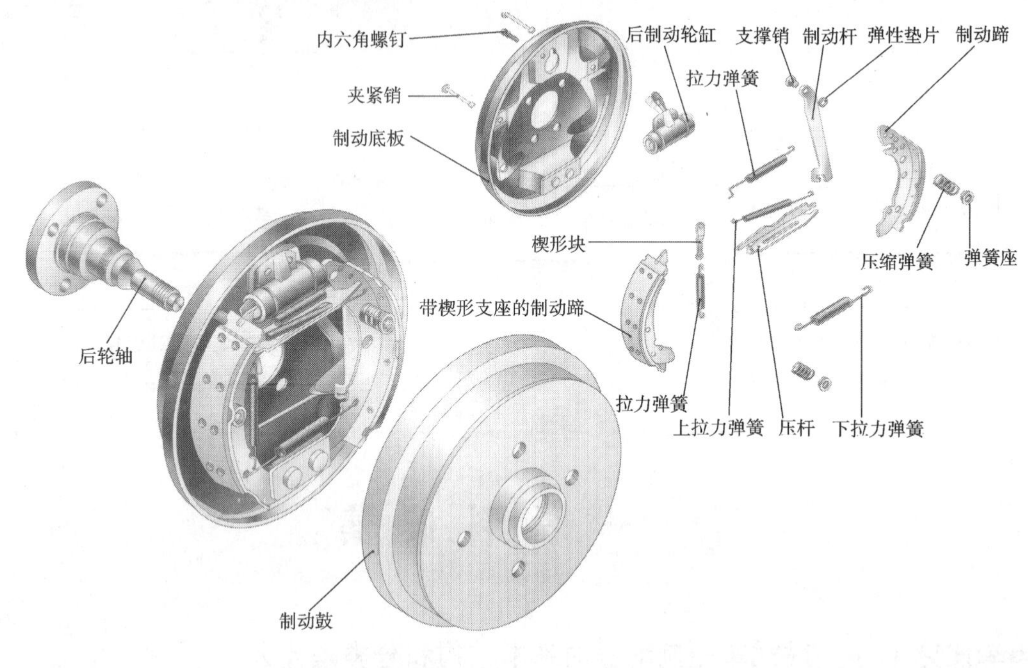

图 4-1　鼓式制动器基本结构

引导问题 2　鼓式车轮制动器的工作原理是怎样的?

当驾驶人发现车辆前方交通信号为红灯或前方有障碍时,驾驶人采取了制动措施,驾驶人加在制动踏板上的力矩通过推杆传递到制动主缸活塞,使制动主缸内的制动液产生压力,制动液的压力顺着制动管路传递到制动轮缸,制动轮缸中的活塞受到制动液的压力向外移动,在活塞的推动下,两个制动蹄向制动鼓靠近,制动鼓与制动蹄之间的间隙越来越小,制动鼓与制动蹄开始接触,产生摩擦力,制动鼓的转速就降了下来。由于车轮和制动鼓是用螺栓连接在一起的,所以车轮的转速也就降了下来,如图 4-2 所示。

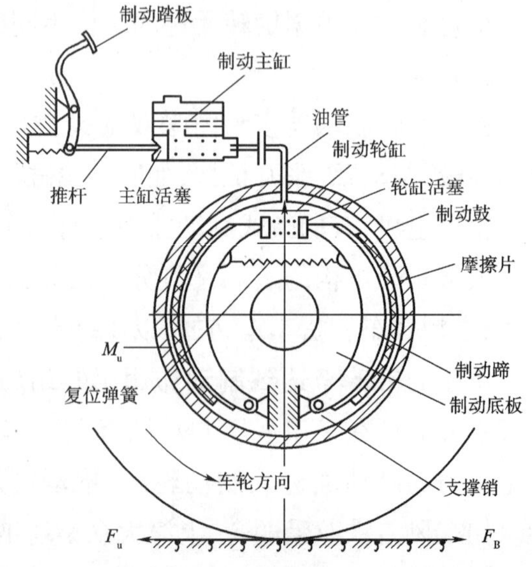

图 4-2　轮缸式车轮制动器工作原理

当驾驶人放松制动踏板时，制动液压力解除，制动轮缸活塞和制动主缸活塞回位，在复位弹簧的作用下，制动蹄与制动鼓恢复到原来的间隙，制动就解除了。

凸轮式车轮制动器的工作原理和轮缸式车轮制动器的工作原理是一样的。不同的是工作的介质和张开机构。

引导问题3 **制动鼓与制动蹄之间为什么需要有一定的间隙？为什么需要调整间隙？**

鼓式车轮制动器在不工作的时候，制动鼓与制动蹄之间需要保持合适的间隙（不同的车型间隙值不同）。如果间隙过小，制动踏板松开后，制动作用不能完全解除，会造成制动拖滞；如果间隙过大，需要制动时，会造成制动踏板行程过大，导致制动效果不良。

鼓式车轮制动器在使用的过程中，由于制动蹄摩擦片的磨损，制动鼓与制动蹄之间的间隙会增大，所以间隙需要调整。目前，大多数的轿车都装有自调整装置，不需要手工调整。但一些载货汽车和普通大客车还需要进行手工调整。

引导问题4 **怎样调整制动蹄与制动鼓的间隙？**

大多数轿车由于装有制动蹄与制动鼓间隙自调整装置，不需要手工调整，只是在装复制动器时按照规范进行装复就行，装复后，把制动踏板连续踩下—放松多次，自调整装置就恢复了制动蹄与制动鼓的间隙。

下面以CA1092型载货汽车的前轮制动器为例，谈谈鼓式车轮制动器的调整。凸轮式鼓式车轮制动器的结构如图4-3所示。凸轮式鼓式车轮制动器的调整分为局部调整和全面调整。当制动蹄摩擦片磨损后，制动间隙过大时，一般进行局部调整；当更换制动蹄摩擦片后或镗削制动鼓后，就必须进行全面调整。

1 局部调整

(1)支起前桥，使车轮可以自由转动。

(2)用手按下调整臂锁止套，用扳手按其工作方向转动蜗杆轴，至蜗杆轴不能转动为止。

(3)反向转动蜗杆轴至车轮自由转动且不碰擦制动鼓。

(4)打开检视孔盖，用塞尺检查间隙，凸轮轴端应为0.4～0.7mm，支撑销端应为0.2～0.5mm，测量位置应距制动蹄摩擦片端头20～30mm。

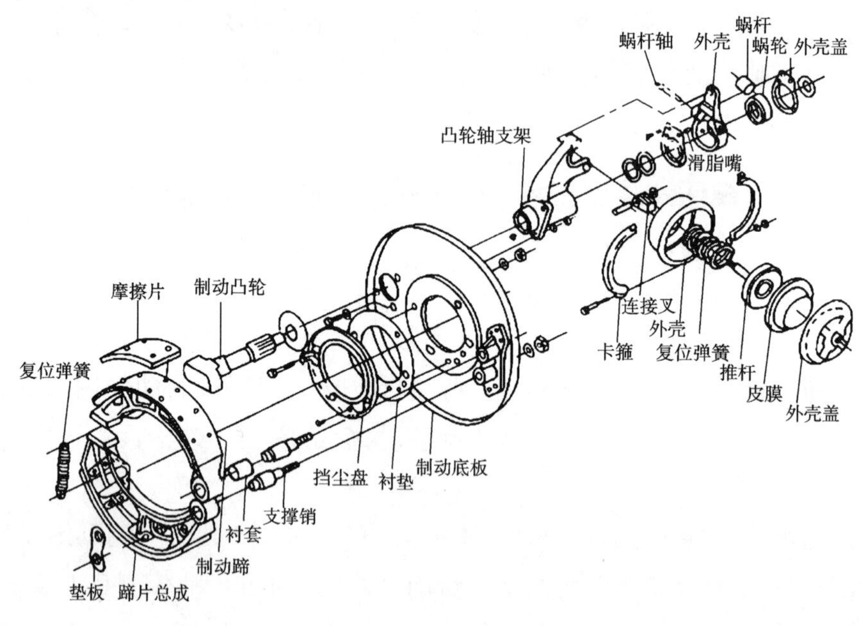

图 4-3　凸轮式鼓式车轮制动器结构

(5)盖上检视孔盖,用锁止套锁紧蜗杆轴。

2 全面调整

(1)支起前桥,使车轮可以自由转动。

(2)用手按下调整臂锁止套,用扳手按其工作方向转动蜗杆轴,至蜗杆轴不能转动为止。

(3)向可以转动的方向转动支撑销,直至制动蹄摩擦片固定端抵住制动鼓,支撑销不能再转动为止。

(4)重复(2)、(3)两步,直至制动蹄摩擦片两端均抵住制动鼓,蜗杆轴和支撑销不能再转动为止。

(5)松开凸轮轴固定螺栓,晃动凸轮轴支架,使凸轮轴自动找正中心。

(6)在此位置上,先将凸轮轴支架和支撑销固定,然后转动调整臂的蜗杆轴,使制动蹄摩擦片退回,两端出现间隙。

(7)打开检视孔盖,用塞尺检查间隙,凸轮轴端应为 0.4 ~ 0.7mm,支撑销端应为 0.2 ~ 0.5mm,测量位置应距制动蹄摩擦片端头 20 ~ 30mm。

(8)盖上检视孔盖,用锁止套锁紧蜗杆轴。

引导问题5 鼓式制动系统常见故障现象及原因是什么？

制动蹄摩擦片和制动鼓引起的常见制动故障现象及原因分析见表4-1。

鼓式制动系统常见故障现象及原因　　表4-1

零部件名称	故障现象	原因
制动蹄摩擦片	踩下制动踏板，制动力较小，制动距离延长	长距离制动，制动蹄摩擦片工作面的摩擦系数下降
	踩下制动踏板，不减速或无明显减速	制动蹄摩擦片磨损过薄
	制动时，行驶方向发生偏斜	左右车轮的制动蹄摩擦片新旧不一或差别过大
	抬起制动踏板时，车轮的制动作用不能立即完全解除	制动蹄摩擦片与制动鼓的间隙不当
制动鼓	制动过程中，汽车轻微发抖	制动鼓径向圆跳动量过大
	制动时，减速不明显或时间过长	制动鼓磨损过甚
	制动时，行驶方向发生偏斜	左右车轮的制动鼓直径大小不一

引导问题6 一般轿车制动蹄摩擦片、制动鼓的维护里程或时间是怎样规定的？

不同的汽车制造厂、不同的车型对于制动蹄摩擦片、制动鼓的维护里程或时间是不同的，具体的维护里程和时间见表4-2。

常见轿车维护周期　　表4-2

车　型	定期维护里程或时间
爱丽舍	15000km 或 12 个月
捷达	40000km
桑塔纳	40000km

引导问题7 常见车型制动蹄摩擦片、制动鼓的更换标准是如何规定的？

常见车型鼓式制动器更换标准见表4-3。

常见车型鼓式制动器更换标准　　表4-3

车　型	制动鼓		制动蹄摩擦片(不包括底板)	
	标准直径(mm)	允许最大直径(mm)	标准厚度(mm)	允许最小厚度(mm)
爱丽舍	203	205	4、75	1
桑塔纳2000型	200	201	5	2、5
捷达	181	183	5	2、5

二、实 施 作 业

引导问题8　作业需要哪些工具、设备和材料?

不同车型作业的工具、材料和设备会有所区别,下面以爱丽舍轿车为例进行作业,作业需要的工具、设备和材料如下。

(1)游标卡尺、组合工具一套、轮胎放置架、指针式扭力扳手、预置式扭力扳手、零件车,如图4-4所示。

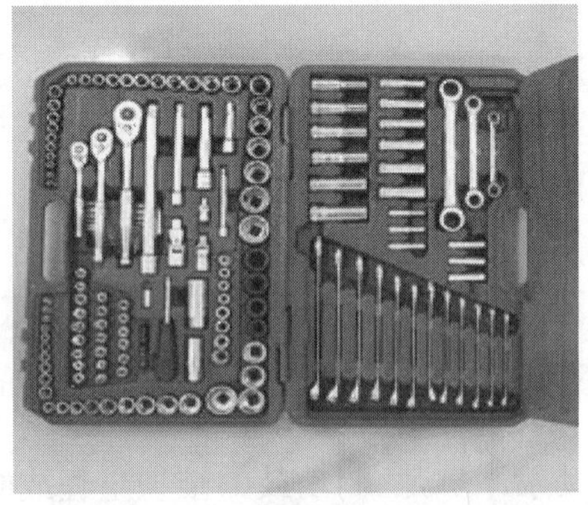
a)组合工具

b)车轮支持架

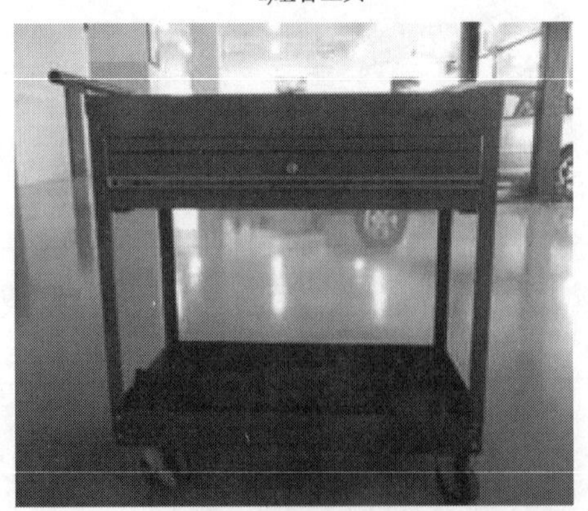
c)零件车

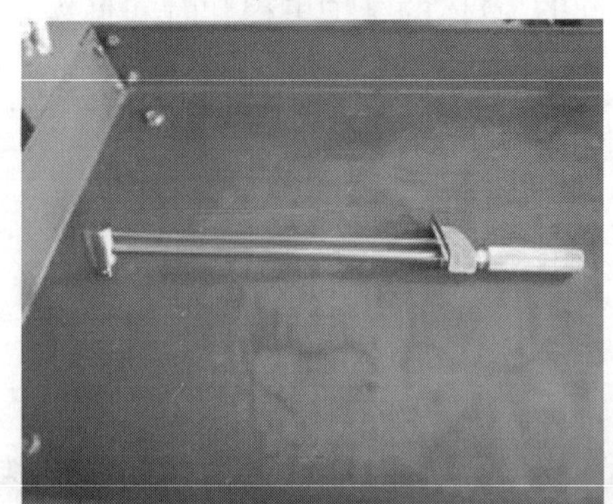
d)指针式扭力扳手

图4-4　工具、设备(1)

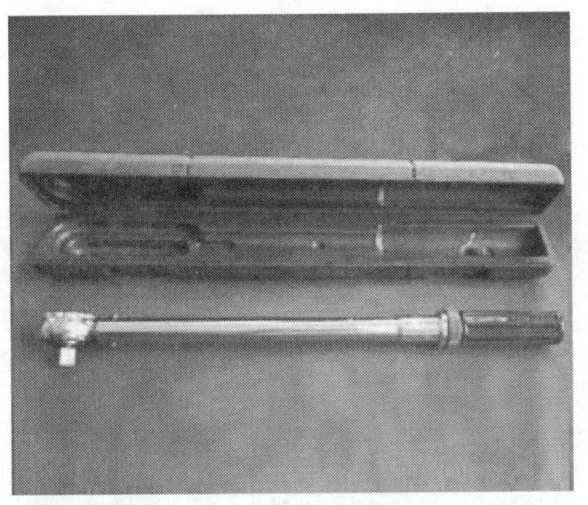

e)预置式扭力扳手

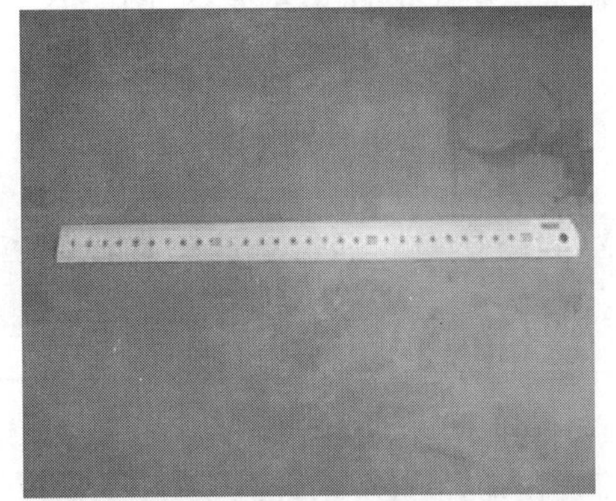

f)钢直尺

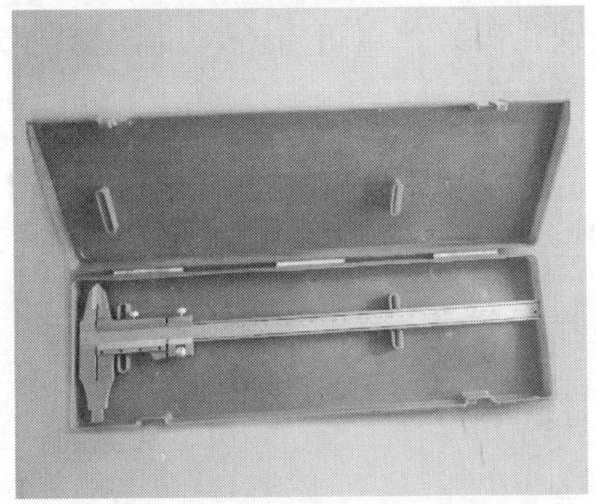

g)游标卡尺

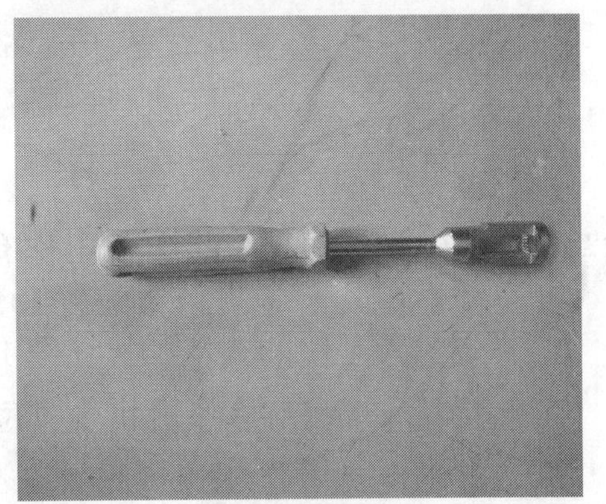

h)夹紧销拆卸专用扳手

图 4-4　工具、设备

(2)制动零件专用清洁剂、砂纸,如图 4-5 所示。

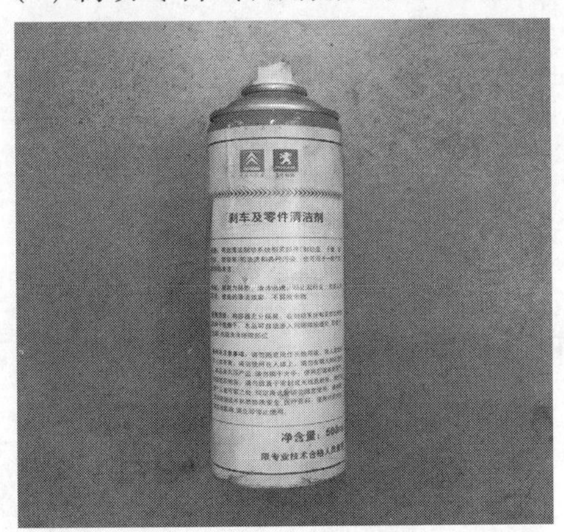

a) 制动零件清洁剂

b) 砂纸

图 4-5　材料

(3)磁力护裙、防护5件套(图1-18)。

(4)举升机。

(5)爱丽舍轿车维修手册。

引导问题9　通过查询和查找,填写以下信息。

生产年份________,车牌号码________,行驶里程________,发动机型号及排量________,车辆识别代号(VIN)________。

制动系统布置形式:前________,后________。

提示:生产年份、发动机型号及排量、识别代码等信息可看汽车的铭牌;制动系统相关信息可参考维修手册。

引导问题10　作业前的准备工作有哪些?

(1)车辆进入工位前,清洁工位(图1-21),准备好相关的工具、量具及材料。

(2)将待检车辆停驻在举升机中央位置(图1-22)。

(3)安装转向盘护套(图1-23)

(4)安装座椅护套(图1-24)

(5)安装脚垫(图1-25)

(6)安装变速器变速杆护套(图1-26)

(7)安装驻车制动器操纵杆护套(图1-27)

(8)拉紧驻车制动器操纵杆,并将手动变速器置于空挡,自动变速器置于N位(图1-28)。

(9)支撑发动机罩(图1-29)。

(10)粘贴前脸磁力护裙和左、右翼子板布。(图1-30)

引导问题11　怎样正确拆装、检查后轮鼓式制动器?

1 拆卸

(1)在车辆举升前用19mm套筒和指针式扭力扳手或轮胎螺栓专用套筒拧松车轮固定螺栓,轮胎螺栓拧松作业完成后解除驻车制动,如图4-6所示。

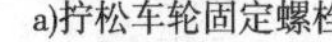
a)拧松车轮固定螺栓

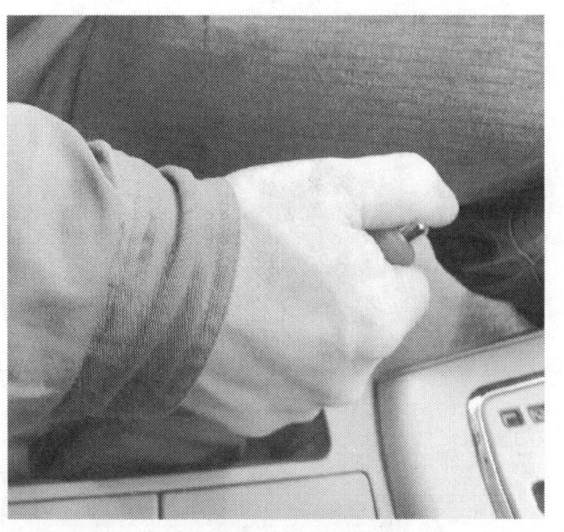
b)解除驻车制动

图 4-6　拆卸准备

(2)在确保车辆固定无误的条件下举升车辆,举升至合适高度停止,举升机保险落锁(图 1-15,操作举升机具体方法见学习任务一之引导问题 6)。

(3)拆卸后车轮,将轮胎螺栓放入零件车中,如图 4-7 所示。

图 4-7　拆卸后车轮

(4)将拆卸下来的车轮放在车轮支持架上,如图 4-8 所示。

(5)用一字螺丝刀取下碗形塞,放到零件车上,如图 4-9 所示。

(6)用 32mm 套筒和指针式扭力扳手拧松后轮固定螺母并拆下,如图 4-10 所示。

(7)取下垫圈,如图 4-11 所示。

(8)拆下制动鼓,如图 4-12 所示。

(9)取下挡环,如图 4-13 所示。

图4-8　车轮放在车轮支持架上

图4-9　取下碗形塞

图4-10　拆下后轮固定螺母

图4-11　取下垫圈

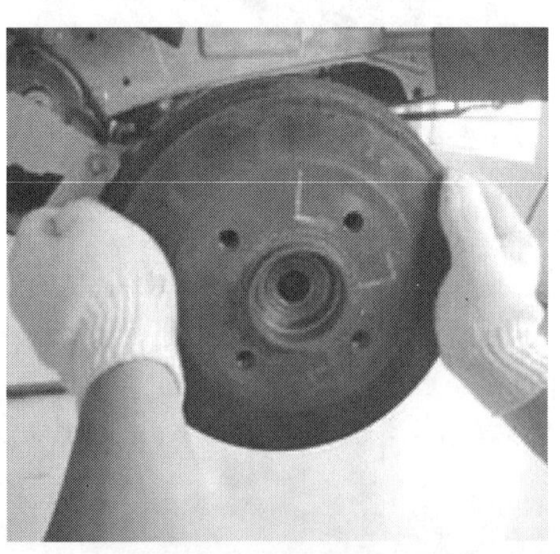

图4-12　拆下制动鼓

图4-13　取下挡环

(10)一只手用夹紧销拆卸专用扳手压住弹簧座,另一只手按住夹紧销后部,持夹紧销拆卸专用扳手下压并转动90°,分别拆下弹簧座、压缩弹簧、夹紧销等,如图4-14所示。

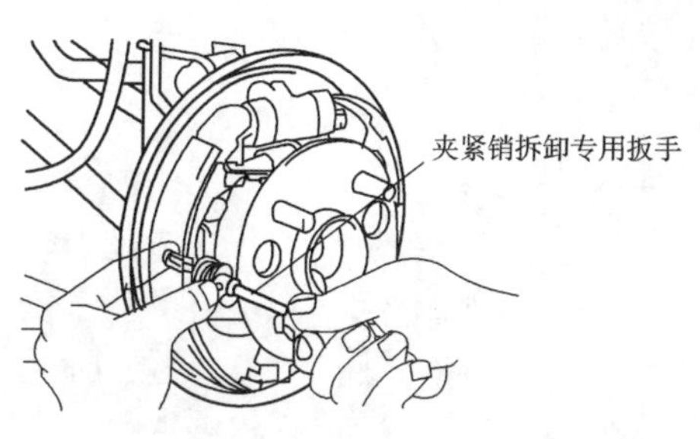

图4-14 拆下弹簧座、压缩弹簧、夹紧销

(11)用一字螺丝刀将制动轮缸处的复位弹簧拆下,如图4-15所示。

(12)将制动蹄与自动调整杆、支撑销处复位弹簧、拉力弹簧等一起取下来,分解复位弹簧、拉力弹簧、自动调整杆等,拆下制动蹄后片上的驻车制动器拉索,将拆下的零件有序的放入零件车上,如图4-16所示。

图4-15 拆下复位弹簧

2 检查

(1)检查制动轮缸活塞处是否有制动液泄漏,轮缸防尘罩是否破损,如图4-17所示。

图 4-16　零部件放入零件车

图 4-17　制动液泄漏检查

(2)用游标卡尺测量制动鼓的直径是否在规定的范围内,如超出规定范围应更换,如图 4-18 所示。

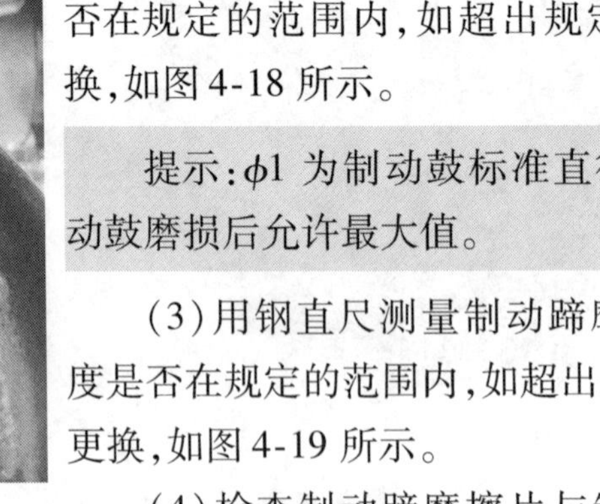

提示:$\phi1$ 为制动鼓标准直径;$\phi2$ 为制动鼓磨损后允许最大值。

(3)用钢直尺测量制动蹄摩擦片的厚度是否在规定的范围内,如超出规定范围应更换,如图 4-19 所示。

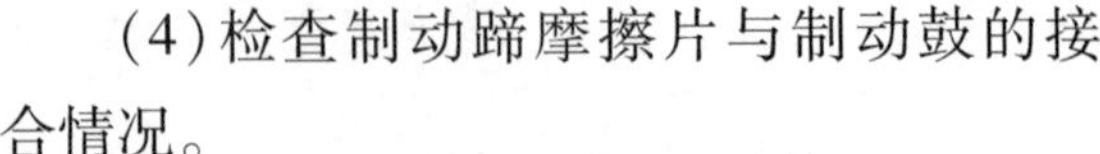

(4)检查制动蹄摩擦片与制动鼓的接合情况。

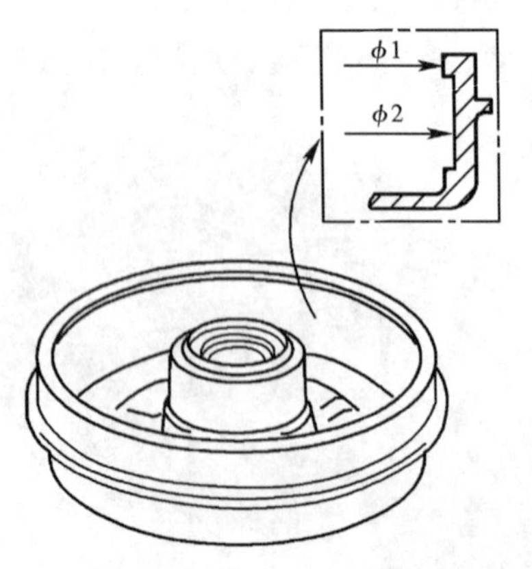

图 4-18　测量制动鼓的直径

①用白色粉笔在制动鼓的工作面上抹一层粉笔末，如图 4-20 所示。

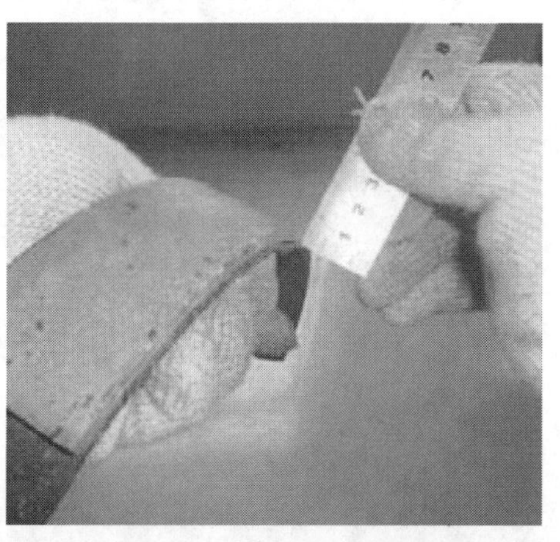

图 4-19　测量制动蹄摩擦片的厚度

图 4-20　制动鼓的工作面涂抹白色粉笔末

②用手将制动蹄摩擦片贴合在制动鼓的工作面上转动，如图 4-21 所示。

③检查制动蹄摩擦片上的贴合印痕，如图 4-22 所示。

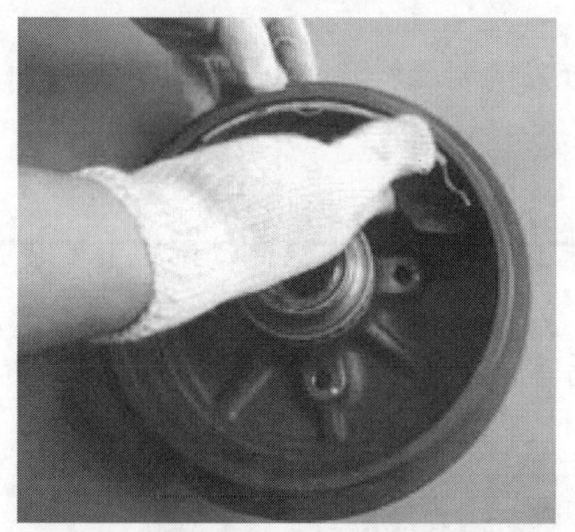

图 4-21　制动蹄摩擦片贴合在制动鼓的工作面上转动

提示：贴合印痕面积应不小于制动蹄摩擦片工作面积的 50%。在制动时，制动蹄摩擦片中间获得的压力较大，两端获得的压力较小，因此贴合印痕的分布应为两端重，中间轻。通过对制动蹄摩擦片修磨，可使贴合面积符合技术标准，从而获得最大摩擦阻力，以保证制动蹄摩擦片的磨损均匀。

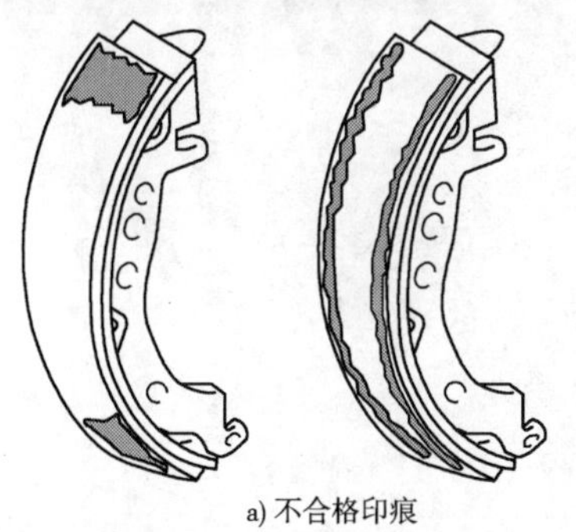

a) 不合格印痕

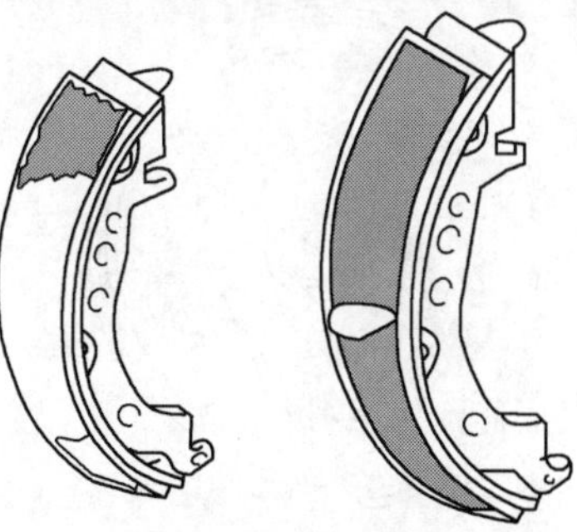

b) 合格印痕

图 4-22　贴合印痕

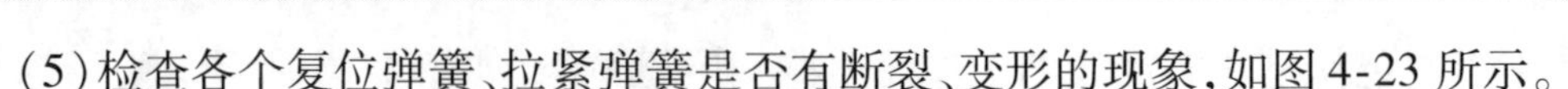

(5)检查各个复位弹簧、拉紧弹簧是否有断裂、变形的现象,如图4-23所示。

提示:如果弹簧有断裂或变形的现象,应该更换新弹簧。

(6)检查制动鼓是否有裂纹和较深的划痕,如图4-24所示。

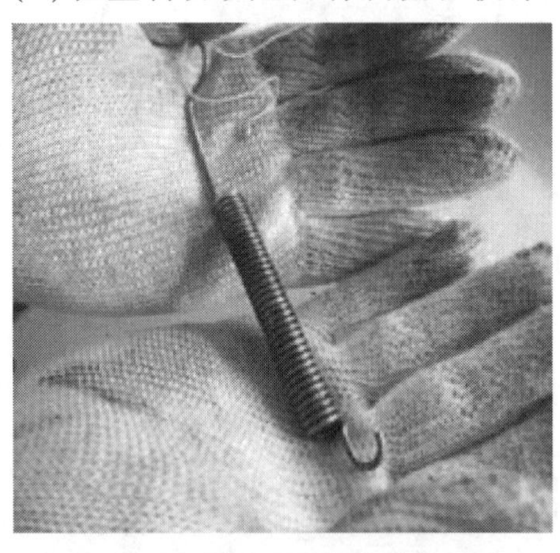
图4-23 检查弹簧

图4-24 检查制动鼓

提示:如果有裂纹或较深的划痕,须更换新的制动鼓。

3 装复

(1)在制动蹄摩擦片的6个支撑点上抹少许润滑脂,在后制动蹄片上安装驻车制动器拉索,如图4-25所示。

(2)将驻车制动器拉索连接到驻车制动器操纵杆后,再装上制动蹄摩擦片,如图4-26所示。

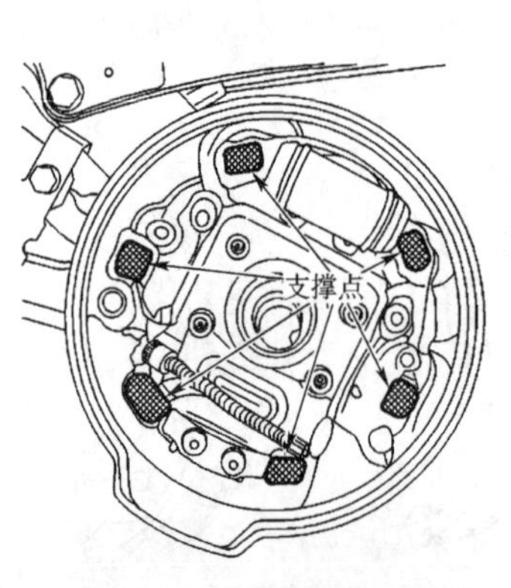

图4-25 支撑点上抹少许润滑脂

图4-26 装上制动蹄摩擦片

(3)在自动调整杆上抹少许润滑脂,并将自动调整杆的滚轮拧至左侧极限位置处,装上自动调整杆,如图4-27所示。

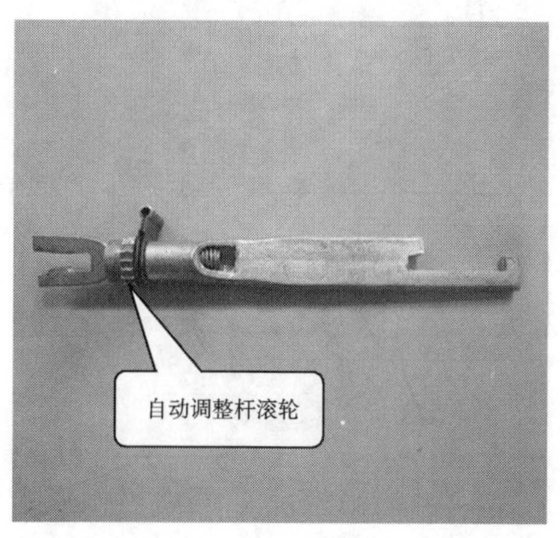

图4-27 装上自动调整杆

(4)装上各个复位弹簧、拉紧弹簧,如图4-28所示。

(5)用夹紧销拆卸专用扳手装上夹紧销组件,如图4-29所示。

图4-28 装上弹簧

图4-29 装上夹紧销组件

(6)转动自动调整杆上的滚轮,使直径$D = 202.5$mm,如图4-30所示。

(7)用制动零件清洗剂清洗制动鼓、制动蹄摩擦片工作面上的油污,并用压缩空气吹干。

(8)装上挡环、制动鼓、垫圈等,如图4-31所示。

(9)在后轮毂固定螺母下平面和螺纹上抹少许润滑脂后拧入,再将预置式扭力扳手调整到200N · m拧紧该螺母,如图4-32所示。

图 4-30　调整直径

图 4-31　装上挡环、制动鼓、垫圈

(10)装上碗形塞,如图 4-33 所示。

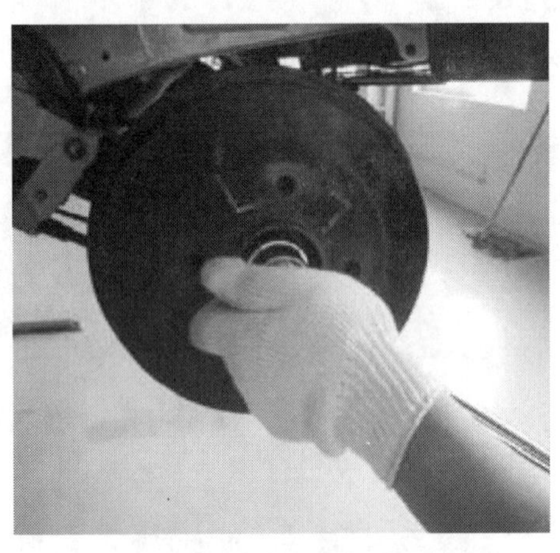

图 4-32　拧紧后轮毂固定螺母

图 4-33　装上碗形塞

(11)调整好驻车制动器(见学习任务三),起动发动机,踩制动踏板约 50 次,检查鼓式制动器自动调整间隙的情况;如无异常,装上车轮,如图 4-34 所示;如有异常,需重新装配和调整,直至达到正常的技术要求。

(12)将车轮降至地面,把预置式扭力扳手调整到 90N · m 拧紧轮胎固定螺栓,如图 4-35 所示。

4 清理工具、量具,收回防护 5 件套,清洁现场(图 1-58 ~ 图 1-60)。

图 4-34 安装车轮

图 4-35 拧紧轮胎固定螺栓

三、评价与反馈

1. 对本学习任务进行评价见表 4-4。

评分表 表 4-4

考核项目	评分标准	分数	学生自评	小组评价	教师评价	小计
团队合作	是否和谐	5				
活动参与	是否积极、主动	5				
安全生产	有无安全隐患	10				
现场 5S	是否做到	10				
任务方案	是否正确、合理	15				
操作过程	1. 正确测量制动蹄摩擦片厚度; 2. 检查制动鼓、复位弹簧、制动轮缸防护套等; 3. 正确测量制动鼓直径; 4. 正确检查制动轮缸活塞处渗漏; 5. 检查制动蹄摩擦片与制动鼓的贴合情况	30				
任务完成情况	是否圆满完成	5				
工具与设备使用	是否标准规范	10				
劳动纪律	是否严格遵守	5				
工单填写	是否完整、规范	5				
总分		100				
教师签名:		年 月 日	得分			

2. 在实施作业时每个安全事项都注意到了吗？如没有，找出忽略的地方和原因。

3. 能否向车主解释检查鼓式制动器的工作流程和必须更换部分零件的原因？如不能完全做到，请分析原因并提出改进措施。

四、学习拓展

1. 轿车上的鼓式制动器与大、中型汽车上的鼓式制动器在结构上有什么区别？为什么轿车上的鼓式制动器不需要调整制动蹄与制动鼓之间的间隙？

2. 在检查制动蹄摩擦片的过程中，发现磨损异常，能只更换磨损严重的一件吗？为什么？

3. 去附近的4S店或汽车修理厂看看，其他车型的制动鼓、制动蹄摩擦片的检查与更换方法和步骤有什么不同？

汽车制动系统维修

学习任务五

制动摩擦块、制动盘的检查和更换

学习目标

完成本学习任务后，你应当能：

1. 叙述钳盘式制动器制动系统的组成和工作原理；
2. 明确制动摩擦块、制动盘的分类及选用；
3. 正确地使用工具、量具和设备；
4. 与同学密切合作，安全规范地检查和更换制动盘、制动摩擦块。

建议完成本学习任务的时间为 8 课时。

学习任务描述

一辆新爱丽舍轿车，行驶 12000km，车主要求对整车进行维护。需要你按照维护标准和要求，对前轮盘式制动器进行检查和必要部件的更换。

学习内容

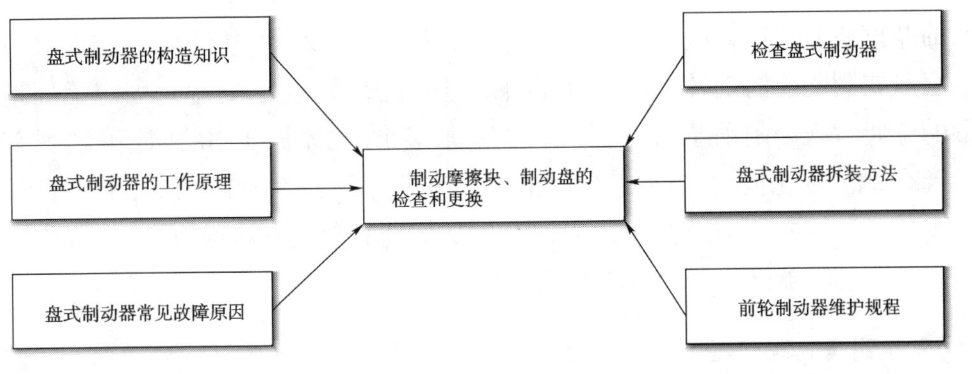

一、资 料 收 集

引导问题 1　盘式制动器的组成和分类是什么?

按摩擦副中固定元件的结构,盘式制动器可分为钳盘式和全盘式两大类。

钳盘式制动器主要由旋转元件(制动盘)和固定元件(制动钳)组成,如图 5-1 所示。

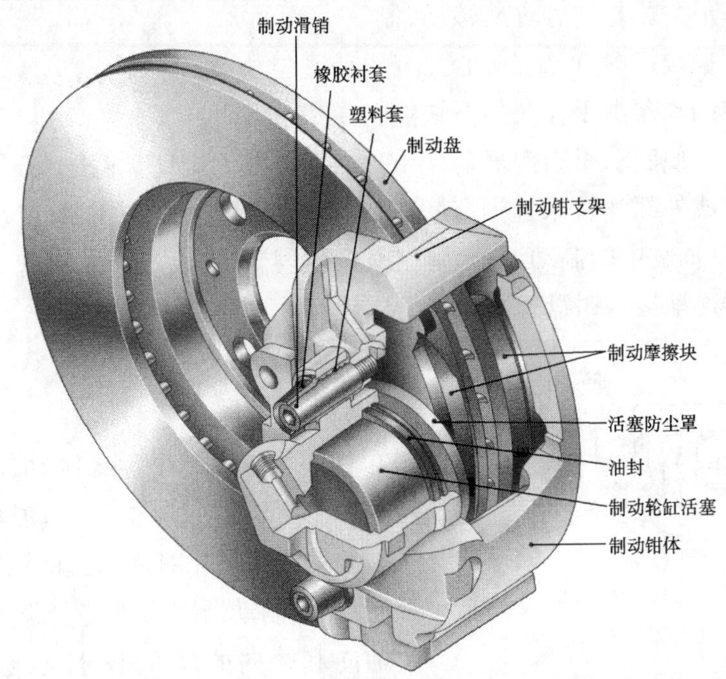

图 5-1　钳盘式制动器结构图

制动盘是摩擦副中的旋转件，是以端面工作的金属圆盘。制动钳是由横跨制动盘两侧的夹钳形支架中的制动摩擦块和促动装置组成。制动摩擦块是由工作面积不大的摩擦块和金属背板组成。每个制动器中一般有2～4个制动摩擦块。

全盘式制动器的旋转件也是以端面工作的金属圆盘（制动盘），固定元件是呈圆盘形的金属背板和制动摩擦块。工作时制动盘和制动摩擦块间的摩擦面全接触。

现在，钳盘式制动器被越来越多的轿车和货车用作车轮制动器，全盘式制动器只有少数汽车（主要是重型汽车）采用。以下提到的盘式制动器均指钳盘式制动器。

钳盘式制动器又可分为定钳盘式和浮钳盘式。

1 定钳盘式制动器

如图5-2所示，定钳盘式制动器的制动钳固定安装在车桥上，即不能旋转，也不能沿制动盘轴线方向移动，在制动盘两侧分别安装有制动摩擦块和制动轮缸，钳体内有制动油道，有的是设跨越制动钳体的外部油管。

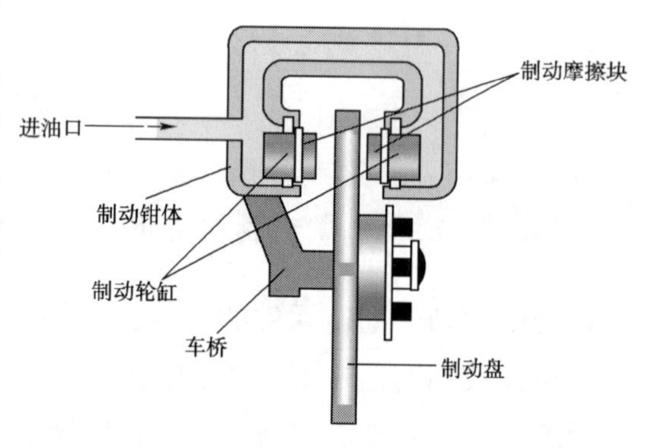

图5-2　定钳盘式制动器

制动时制动液推动制动轮缸中的活塞移动，使制动摩擦块向制动盘移动，制动盘和制动摩擦块接触，产生制动力。

定钳盘式制动器由于存在如下缺点：第一，油缸较多，使制动钳结构复杂；第二，油缸分置于制动盘两侧，必须用跨越制动盘的钳内油道或外部油管来连通，使得制动钳的尺寸过大，难以安装在现代化的轿车的轮辋内，且油缸中的制动液容易汽化，产生气阻现象。故20世纪70年代后，定钳盘式制动器逐渐被浮钳盘式制动器所取代。

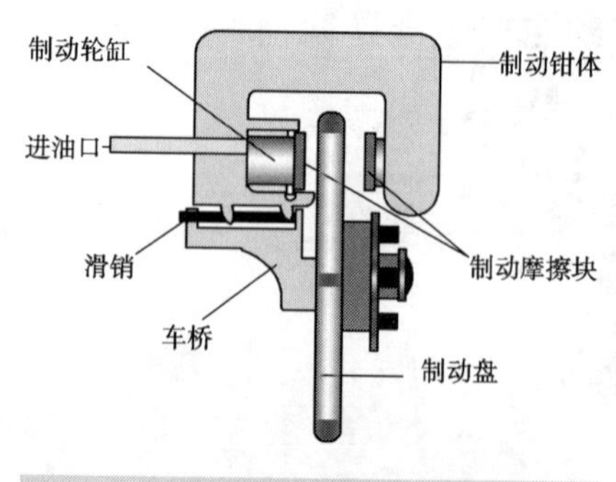

图5-3　浮钳盘式制动器

2 浮钳盘式制动器

如图5-3所示，浮钳盘式制动器的制动轮缸安装在制动钳体内侧，外侧的制动摩擦块附装在钳体上，制动钳可以相对制动盘做轴向移动。

浮钳盘式制动器因为不需要跨越制动盘的油道，故轴向和径向的尺寸小，且不易产生气阻现象，因此被越来越多地采用在轿车和一些轻型汽车上。如红旗CA7220、奥迪100、捷达、桑塔纳、爱丽舍等轿车的前轮均采用浮钳盘式制动器。

引导问题2 盘式制动系统常见故障现象及原因是什么?

制动摩擦块和制动盘引起的常见制动故障现象及原因分析见表5-1。

盘式制动系统常见故障现象及原因　表5-1

零部件名称	故障现象	原　因
制动摩擦块	踩下制动踏板,制动力较小,制动距离延长	长距离制动,制动摩擦块表面的摩擦系数下降
	踩下制动踏板,不减速或无明显减速	制动摩擦块磨损过薄
	制动时,行驶方向发生偏斜	左右车轮的制动摩擦块新旧不一或差别过大
	抬起制动踏板时,车轮的制动作用不能立即完全解除	制动摩擦块距离制动盘的间隙不当
制动盘	制动过程中,汽车轻微发抖	制动盘圆跳动量过大
	制动时,减速不明显或时间过长	制动盘磨损过甚
	制动时,行驶方向发生偏斜	左右车轮的制动盘材料不一

引导问题3 一般轿车制动摩擦块、制动盘的维护里程或时间是怎样规定的?

不同的汽车制造厂、不同的车型对于制动摩擦块、制动盘的维护里程或时间是不同的,具体的维护里程和时间见表5-2。

常见轿车维护周期表　表5-2

车　型	定期维护里程或时间
爱丽舍	15000km或12个月
捷达	40000km
桑塔纳	40000km

引导问题4 常见车型制动摩擦块、制动盘的更换标准是如何规定的?

爱丽舍轿车前制动器更换标准见表5-3。

爱丽舍轿车前制动器更换标准　表5-3

发　动　机		TU5JP	EW7J4
前制动盘	型式	通风盘式	
	直径(mm)	ϕ247	ϕ266
	厚度(mm)	20.4	22
	磨损后允许最小厚度(mm)	18.4	20

续上表

发动机		TU5JP	EW7J4
前制动钳	供应商	博世	
	活塞直径(mm)	$\phi 48$	$\phi 54$
制动摩擦块	新片厚度(mm)	13	
	磨损允许最小厚度(mm)	2	

捷达轿车前制动器更换标准见表5-4。

捷达轿车前制动器更换标准　　表5-4

部件名称	标准厚度(mm)	磨损允许最小厚度(mm)
前制动盘	12	10
制动摩擦块	14	7

桑塔纳(普通型)轿车前制动器更换标准见表5-5。

桑塔纳轿车前制动器更换标准　　表5-5

部件名称	标准厚度(mm)	磨损允许最小厚度(mm)
前制动盘	10	8
制动摩擦块	14	7

二、实施作业

引导问题5　作业需要哪些工具、设备和材料?

不同车型作业的工具、材料和设备会有所区别,下面以爱丽舍轿车为例进行作业,作业需要的工具材料和设备如下:

(1)外径千分尺、游标卡尺、百分表、磁性表座、制动轮缸活塞压缩钳、组合工具一套,如图5-4所示。

(2)制动零件专用清洁剂、防松胶,如图5-5所示。

(3)磁力护裙、转向盘防护套、变速器变速杆防护套、驻车制动器操纵杆防护套、脚垫和座椅防护套。

(4)举升机。

(5)爱丽舍轿车维修手册。

a) 外径千分尺

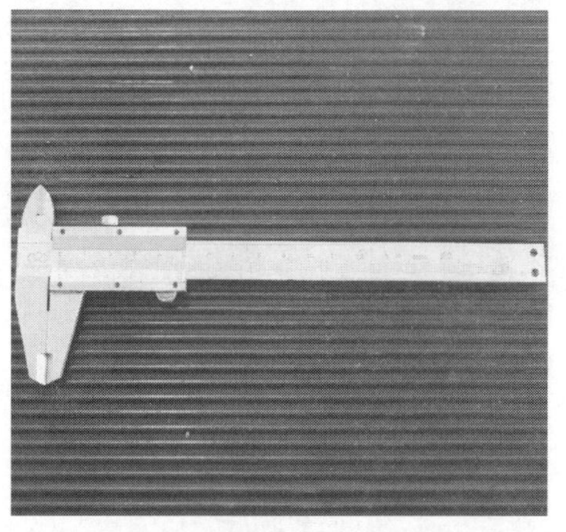

b) 游标卡尺

c) 百分表

d) 磁性表座

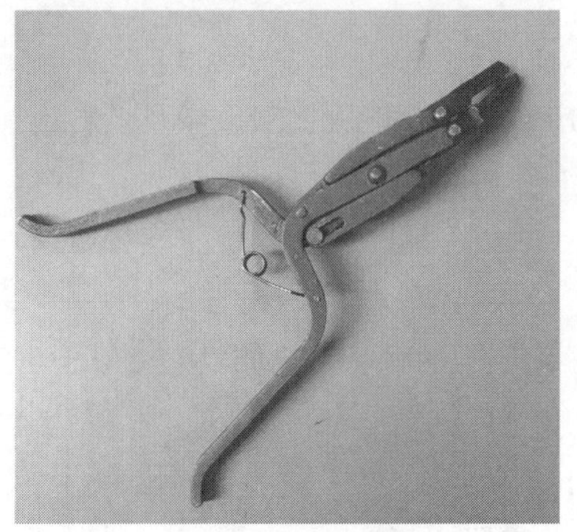

e) 制动轮缸活塞压缩钳

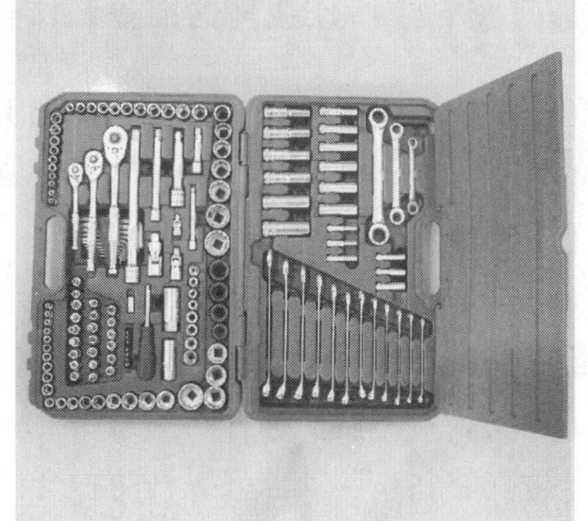

f) 组合工具

图 5-4　工具、设备

a) 制动零件清洁剂

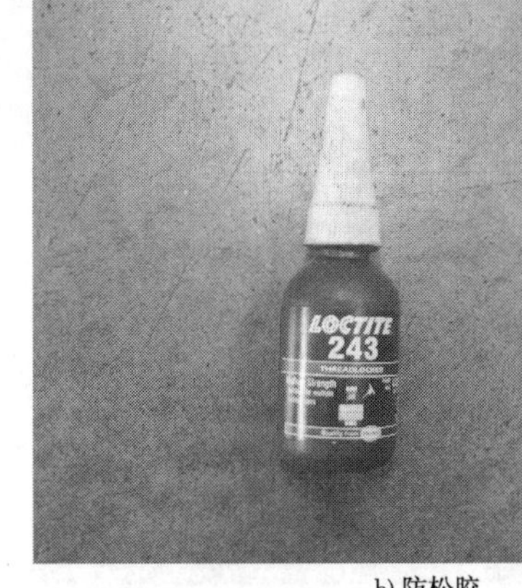

b) 防松胶

图5-5　材料

引导问题6　通过查询和查找，填写以下信息。

生产年份________，车牌号码________，行驶里程________，发动机型号及排量________，车辆识别代号(VIN)________。

制动系统布置形式：前________，后________。

钳盘式制动器制动卡钳类型：________。

提示：生产年份、发动机型号及排量、识别代码等信息可看汽车的铭牌；制动系统相关信息可参考维修手册。

引导问题7　作业前的准备工作有哪些？

(1)车辆进入工位前，清洁工位(图1-21)，准备好相关的工具、量具及材料。

(2)将待检车辆停驻在举升机中央位置(图1-22)。

(3)安装转向盘防护套(图1-23)。

(4)安装座椅防护套(图1-24)。

(5)安放脚垫(图1-25)。

(6)安装变速器变速杆防护套(图1-26)。

(7)安装驻车制动器操纵杆防护套(图1-27)。

(8)拉紧驻车制动器操纵杆，并将手动变速器置于空挡，自动变速器置于N位(图1-28)。

(9)支撑发动机罩(图1-29)。

(10)粘贴前脸磁力护裙和左、右翼子板布(图 1-30)。

引导问题 8　怎样正确拆装、检查前制动摩擦块?

1 拆卸

(1)在车辆举升前用 19mm 套筒和扭力扳手或轮胎螺栓专用套筒拧松车轮固定螺栓(图 4-4a)。

(2)在确保车辆固定无误的条件下举升车辆,举升至合适高度停止(图 1-34),举升机保险落锁(图 1-15)。举升机操作见任务一引导问题 6。

(3)拆卸前车轮,如图 5-6 所示。

图 5-6　拆卸前车轮

(4)用 13mm 梅花扳手拧下制动卡钳滑销螺栓,如图 5-7 所示。

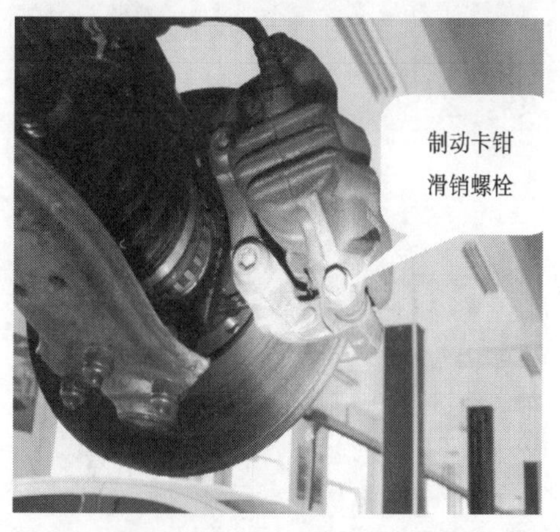

图 5-7　拧下制动滑销螺栓

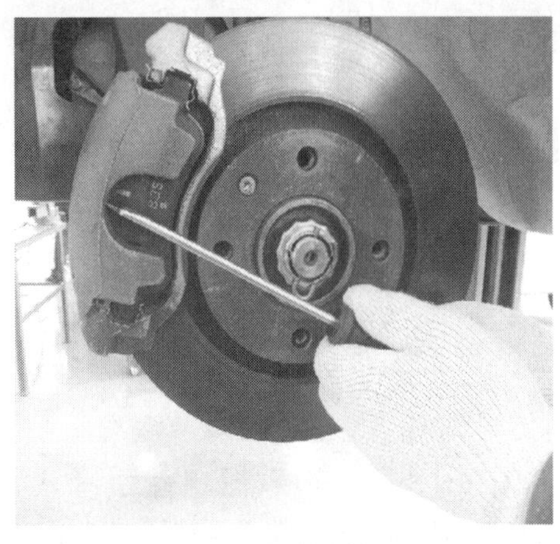

图 5-8 推开制动钳体

(5)用一字螺丝刀推开制动钳体壳,如图 5-8 所示。

(6)向上翻开制动卡钳(制动钳体需用挂钩挂好)如图 5-9a)所示,拆卸制动摩擦块,如图 5-9b)所示。

(7)用干净的抹布清洁制动摩擦块表面,如图 5-10 所示。

(8)检查两片制动摩擦块有无异常磨损,如图 5-11 所示。

a)

b)

图 5-9 拆卸制动摩擦块

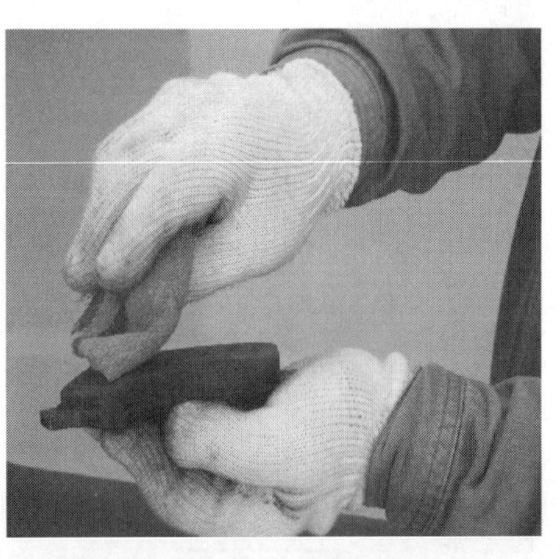

图 5-10 清洁制动摩擦块表面

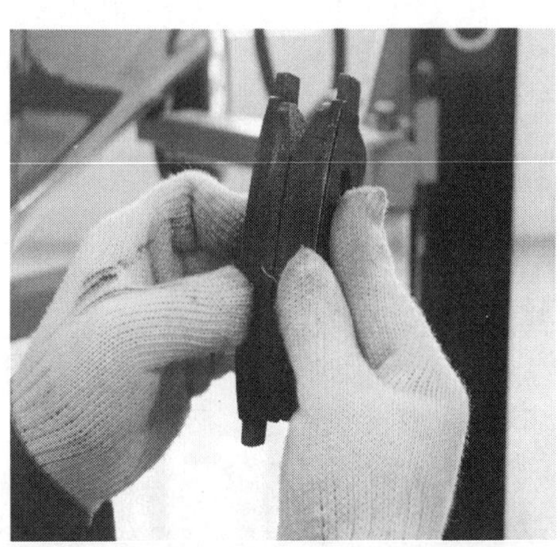

图 5-11 检查制动摩擦块

(9)用游标卡尺分别在两边和中间三个位置测量制动摩擦块的厚度,厚度不符合要求需更换新件,如图 5-12 所示。

(10)检查制动轮缸活塞处(制动钳体需用挂钩挂好)是否漏油,制动油管接头、制动软管接头是否渗漏,如图 5-13 所示。

(11)检查制动盘的磨损情况。

提示:制动器装配好之前不能踩制动踏板。

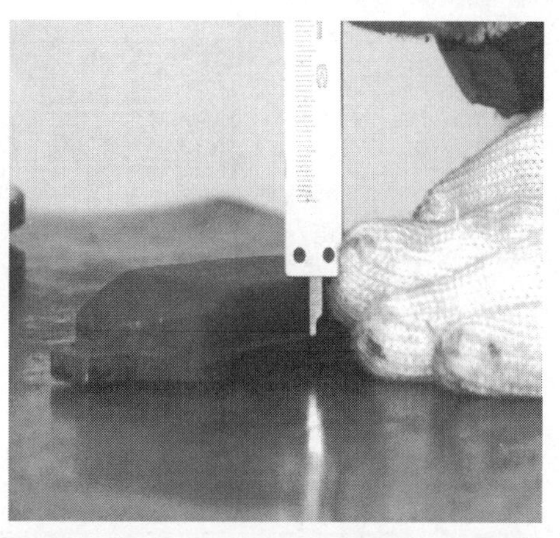

图 5-12 测量制动摩擦块厚度

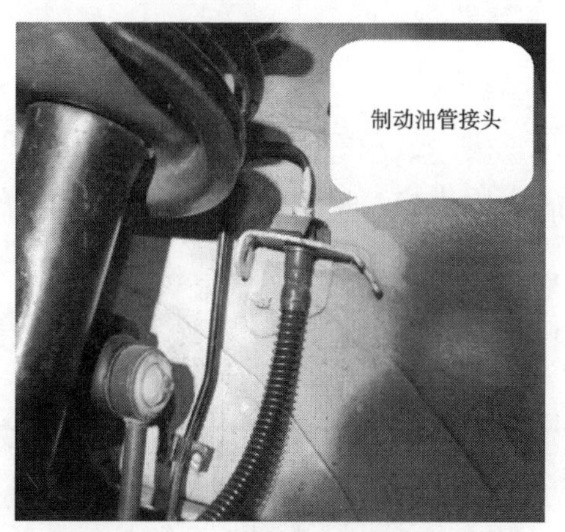

a) 制动油管接头

b) 制动缸轮活塞

c) 制动软管位置

图 5-13 制动油管和制动软管(1)

d) 制动软管接头

图 5-13 制动油管和制动软管

2 装复

(1)安装新制动摩擦块,如图 5-14 所示。

(2)用制动轮缸活塞压缩钳把制动轮缸活塞压进去,如图 5-15 所示。

图 5-14 安装制动摩擦块

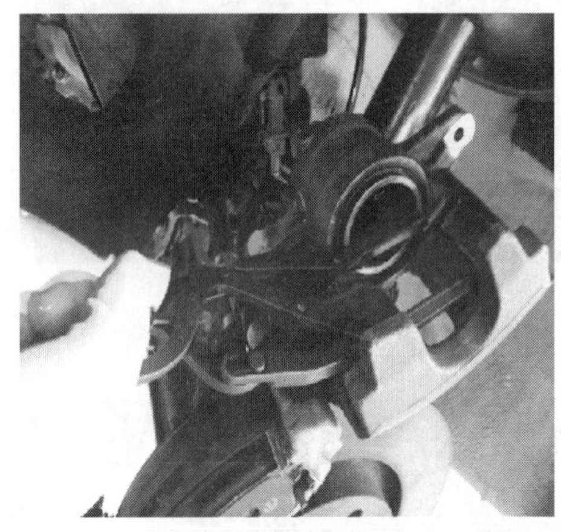

图 5-15 用专业工具压缩制动轮缸活塞

(3)把制动卡钳翻回来,如图 5-16 所示。

(4)旋入制动卡钳滑销螺栓(必须涂上防松胶),并用 27N · m 的力矩拧紧,如图 5-17所示。

(5)安装车轮(图 4-34),旋入车轮固定螺栓。

(6)车辆降至地面,拧紧车轮固定螺栓,如图 4-35 所示,拧紧力矩为 90N · m。

(7)起动发动机,连续踩制动踏板多次,使制动摩擦块与制动盘之间恢复间隙。

(8)清理工具、量具,收回防护 5 件套,现场清洁(图 1-58 ~ 图 1-60)

图 5-16 翻回制动钳

图 5-17 装复制动卡钳滑销螺栓

引导问题 9 怎样规范地拆装前制动卡钳?

1 拆卸

(1)拧松车轮螺栓,举升车辆,拆卸前轮(同本学习任务引导问题 8 拆卸部分)。

(2)用 13mm 梅花扳手拧下制动卡钳滑销螺栓后,再用 10mm 内六角套筒和棘轮扳手拧下制动卡钳固定螺栓,如图 5-18 所示。

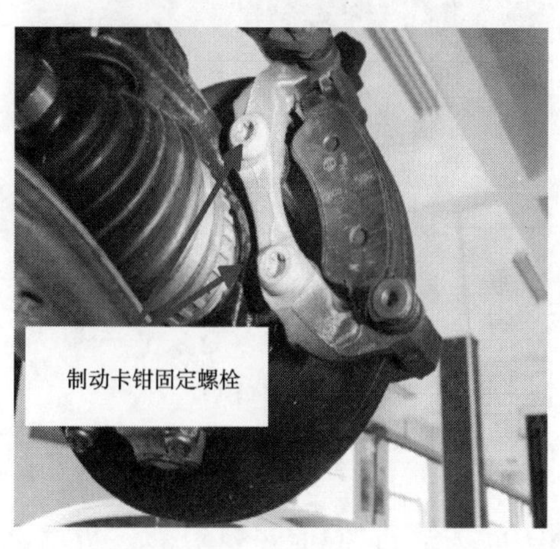

图 5-18 拆制动卡钳固定螺栓

(3)用 14mm 开口扳手松开制动软管接头,并将制动软管堵起来(以免漏制动液)。取下制动卡钳,如图 5-19 所示。

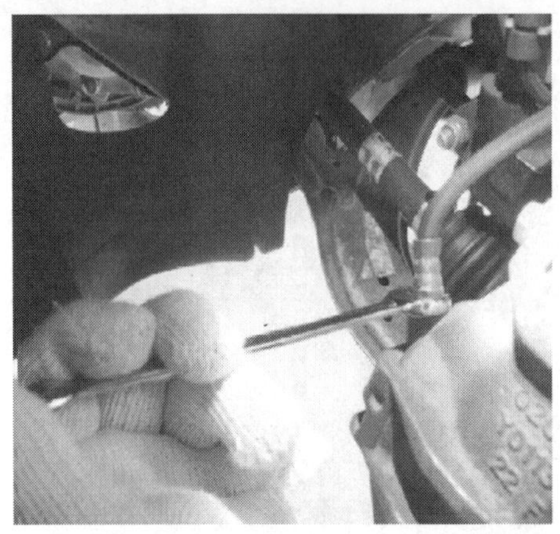

图 5-19　拆制动卡钳

2 安装

(1)安装制动卡钳。用 10mm 内六角套筒和棘轮扳手拧紧制动卡钳固定螺栓，拧紧力矩为 105N·m，如图 5-20 所示。

(2)连接制动油管接头或制动软管接头(图 5-13)。

(3)旋入制动卡钳滑销螺栓(必须涂防松胶)，并用 27N·m 的力矩拧紧，如图 5-21所示。

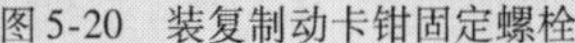

图 5-20　装复制动卡钳固定螺栓

图 5-21　装制动卡钳滑销螺栓

(4)安装车轮，待车轮降到地面后用 90N·m 力矩拧紧(图 4-33)。

(5)对制动管路进行排气；检查制动液液面，必要时补充(见学习任务一)。

3 清理工具、量具

收回防护五件套，现场清洁(图 1-58 ~ 图 1-60)。

引导问题 10 怎样规范地拆装前制动盘?

1 拆卸

(1)拧松车轮螺栓,举升车辆。拆卸车轮、制动摩擦块、制动卡钳(见本学习任务引导问题 8、9 拆卸部分)。

(2)用 T30 套筒和棘轮扳手拧下制动盘固定螺钉,如图 5-22 所示。

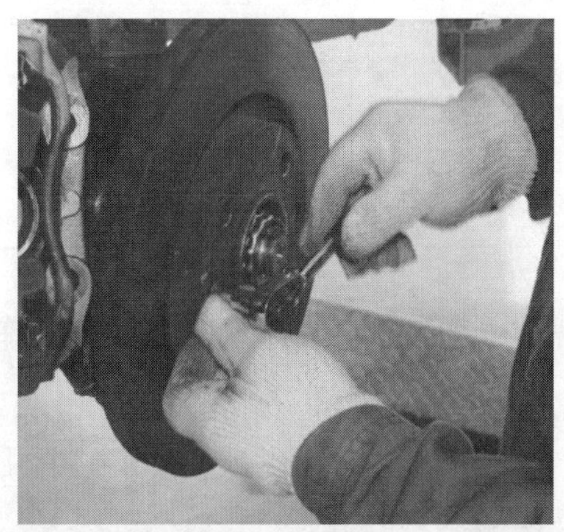

图 5-22 拆制动盘固定螺钉

(3)拆下制动盘,如图 5-23 所示。

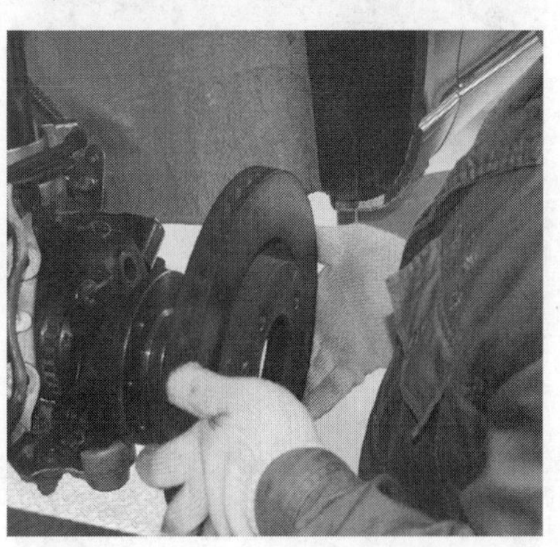

图 5-23 拆卸制动盘

2 安装

按拆卸相反的顺序进行装复。

拧紧力矩:制动盘固定螺钉螺栓为 10N · m。

制动卡钳滑销螺栓(必须涂防松胶)为27N · m。

制动卡钳固定螺钉螺栓为 105N · m。

车轮螺栓为 90N · m(图 4-33)。

3 清理工具、量具

收回防护 5 件套,清洁现场(图 1-58 ~ 图 1-60)。

引导问题 11　常见车型制动盘允许最大跳动量的标准是什么?

不同的车型对制动盘允许最大跳动量的标准是不同的,如检测后分析得知制动盘同一圆周上的允许最大跳动量超过规定范围,则应更换制动盘(更换方法见本学习任务引导问题 10)。

常见车型制动盘允许最大跳动量的标准见表 5-6。

常见车型制动盘跳动量标准　　表 5-6

轿车名称或型号	制动盘允许最大跳动量(mm)
爱丽舍	≤0.1
桑塔纳	≤0.06
捷达	≤0.06

引导问题 12　怎样规范地检查轿车前盘式制动器工作状况?

拧松车轮固定螺栓,举升车辆,拆卸车轮,翻开制动钳体,拆制动摩擦块等见前面相关引导问题。

图 5-24　检查制动盘厚度

1 检查制动盘厚度

使用 0 ~ 25mm 的外径千分尺,在离制动盘边缘 10mm 处每间隔 120°测量制动盘的厚度,取 3 个数据中最小值,不符合要求需更换,如图 5-24 所示。

2 检查制动盘跳动量

(1)在工作台上组装磁性表座,如图 5-25所示。

(2)将磁性表座固定在减振器上,如图 5-26 所示。

(3)安装百分表,表头应距制动盘边 10mm,且百分表表头与制动盘垂直,如图 5-27所示。

(4)匀速转动制动盘,记下制动盘的最大跳动量。超出规定范围需更换新件,如图 5-28 所示。

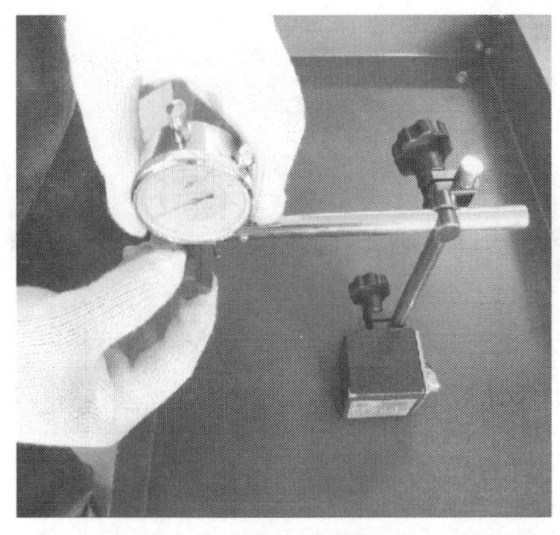

图 5-25 组装磁性表座

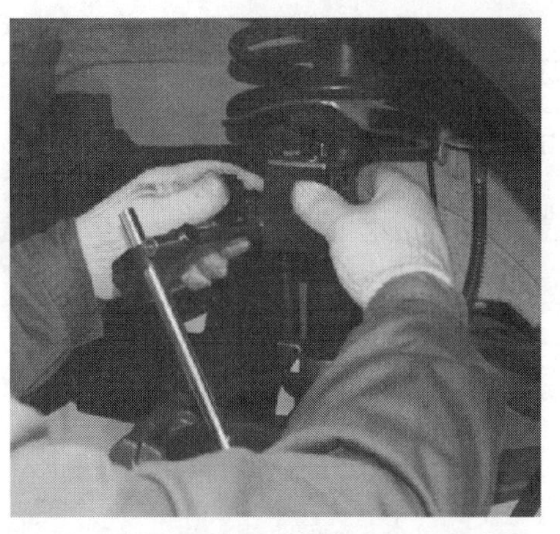

图 5-26 固定磁性表座

提示:新制动盘在更换之前需用专用清洁剂清洗表面的保护油膜,并用干净抹布擦干或用压缩空气吹干。专用清洁剂是易燃、有毒化学品,使用前请详细阅读使用方法。

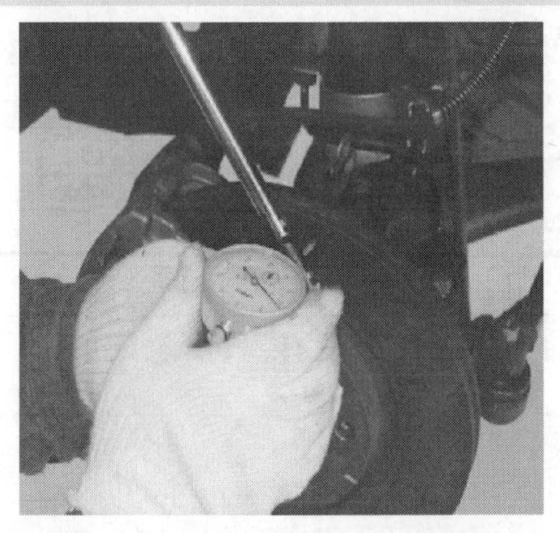

图 5-27 安装百分表

图 5-28 测制动盘跳动量

(5)安装。

按拆卸相反的顺序进行装复(同本学习任务引导问题 10)。

3 清理工具、量具

收回防护 5 件套,清洁现场(图 1-58 ~ 图 1-60)。

三、评价与反馈

1. 对本学习任务进行评价见表 5-7。

评分表　　表5-7

考核项目	评分标准	分数	学生自评	小组评价	教师评价	小计
团队合作	是否和谐	5				
活动参与	是否积极、主动	5				
安全生产	有无安全隐患	10				
现场5S	是否做到	10				
任务方案	是否正确、合理	15				
操作过程	1. 测量制动摩擦块厚度； 2. 检查制动摩擦块的不均匀磨损； 3. 测量制动盘厚度； 4. 检查制动油管接头处渗漏； 5. 检查制动轮缸活塞处渗漏； 6. 检查制动盘跳动量	30				
任务完成情况	是否圆满完成	5				
工具与设备使用	是否标准、规范	10				
劳动纪律	是否严格遵守	5				
工单填写	是否完整、规范	5				
总分		100				
教师签名：　　年　月　日				得分		

2. 在实施作业时每个安全事项都注意到了吗？如没有，找出忽略的地方和原因。

3. 能否向车主解释检查盘式制动器的工作流程和必须更换部分零件的原因?如不能完全做到,请分析原因并提出改进措施。

四、学习拓展

1. 通风盘式制动器和普通盘式制动器的区别是什么?有哪些优点?

2. 在检修制动摩擦块的过程中,发现磨损异常,能只更换磨损严重的一件吗?为什么?

3. 去附近的4S店看看,其他车型的制动盘、制动摩擦块的检查与更换有什么不同?

学习任务六

制动跑偏故障的检修

学习目标

完成本学习任务后,你应当能:

1. 熟悉引起不同形式跑偏的故障原因;
2. 掌握制动跑偏的检修方法;
3. 在教师的指导下,用制动测试台对故障车辆进行制动性能测试,独立分析测试结果,确定故障类型;
4. 正确使用工具、仪器及设备。

建议完成本学习任务的时间为10课时。

学习任务描述

张先生驾车来到汽车维修店,向维修主管说最近汽车的性能不是很好,在踩制动踏板的时候发现汽车有跑偏的现象,经检查已排除了制动系统以外其他系统出现

故障的可能性。现根据故障现象，请你做出工作计划和信息采集，完成制动跑偏故障的诊断与检修。

学习内容

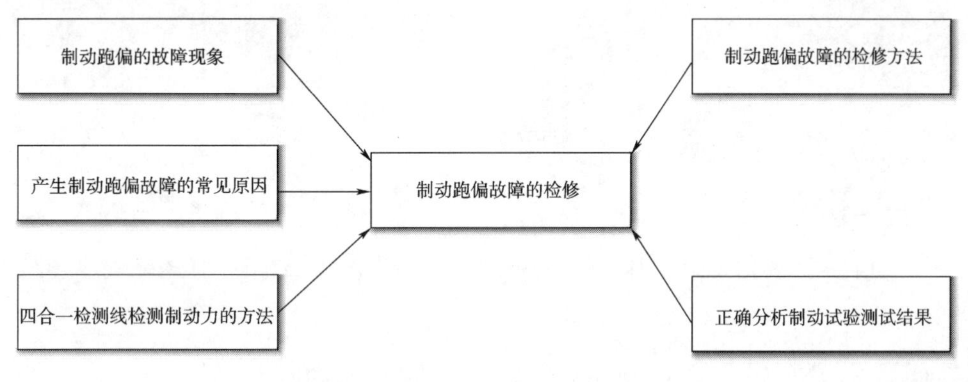

一、资 料 收 集

引导问题 1　什么是汽车制动跑偏？制动跑偏的现象是什么？

所谓汽车制动跑偏，即车轮制动时，两边车轮不能同时起制动作用；甚至一边车轮制动，而另一边仍转动，导致汽车不能沿着直线方向停车。这是因同轴上左右轮制动力矩不均衡引起的，并且转向盘上有明显的转动推手感觉，汽车驶向路面的一侧，如图 6-1 所示。

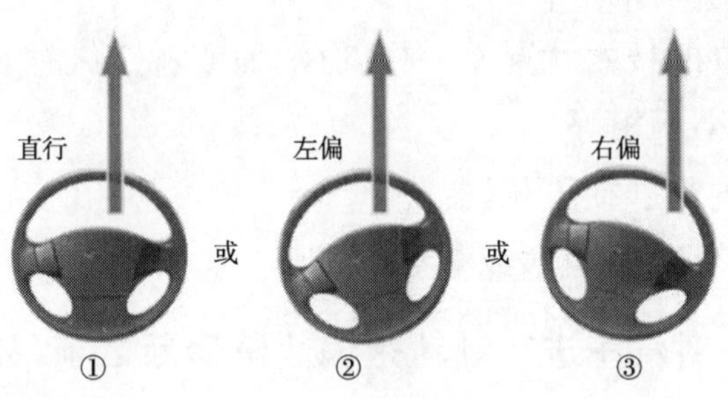

图 6-1　转向盘示意图

制动跑偏的主要现象有以下两种。

(1)汽车行驶制动时，行驶方向发生偏斜，如图 6-2 所示。

(2)紧急制动时，方向急转或车辆甩尾，如图 6-3 所示。

图 6-2　汽车行驶方向偏斜

图 6-3　汽车紧急制动时方向急转或车辆甩尾

引导问题 2　引起鼓式制动系统制动跑偏的原因是什么？

制动跑偏的根本原因是由于左右车轮的制动力不相等所导致的。制动系统和悬架系统的故障都可以引起制动跑偏，从下列选项中选出由制动系统所引起制动跑偏的具体原因。

(1) 左右车轮轮胎气压、花纹和磨损程度不一致。

(2) 左右车轮的制动蹄摩擦片材料不一或新旧程度不一。

(3) 某侧轮缸内有空气、软管老化或轮缸泄漏。

(4) 左右轮制动蹄摩擦片的接触面积相差太大。

(5) 某侧制动蹄摩擦片油污、水湿、硬化或铆钉外露。

(6) 左右车轮制动间隙不等。

(7) 左右车轮轮缸的技术状况不一样，有泄漏或者空气存在的现象，造成起作用时间不相同或张力大小不相等。

(8) 左右制动鼓内径磨损不相同。

(9) 单边制动管路凹瘪、阻塞或漏油。

引导问题 3　在对汽车进行制动跑偏故障诊断之前，如何按照故障诊断流程来明确故障诊断步骤？

1　故障诊断与排除的基本流程

故障诊断与排除的基本流程如图 6-4 所示。

(1) 收集故障信息：向车主详细了解故障发生现象，并调查车的维修历史。

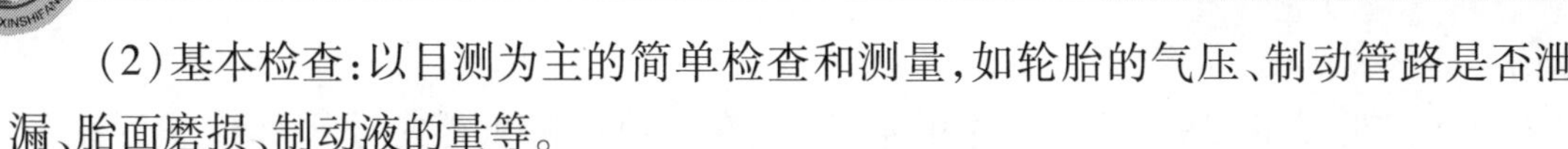

(2)基本检查:以目测为主的简单检查和测量,如轮胎的气压、制动管路是否泄漏、胎面磨损、制动液的量等。

(3)确认故障内容:通过四合一检验台或路试确认故障的内容。

(4)故障诊断:根据故障现象,参照维修资料,分析产生故障的可能原因及产生故障的部位,查找并确定故障原因。

(5)排除故障:按维修手册的指引排除故障。

(6)核实修复情况:通过检验台检测或路试核实故障排除。

收集故障信息 → 基本检查 → 确认故障 → 故障诊断 → 排除故障 → 核实修复情况

图6-4　故障诊断与排除的基本流程图

2 制动跑偏的诊断步骤

(1)检查制动液和制动管路;检查轮胎气压和磨损程度。

(2)通过四合一检测台测试和路试确认存在车主所反映的跑偏故障。

(3)检查制动器。

引导问题4 制动跑偏的故障确认方法有哪些?

1 通过道路试验,确认故障

试验时,选择干燥、清洁、平坦的路面,由专业试车员驾驶汽车,根据车主描述的故障现象,通过故障再现,凭借试车员的经验,确定故障类型,如图6-5所示。

图6-5　汽车制动道路试验

(1)路试的目的。比较汽车的实际制动性能与试车员理解的标准制动性能的差异。

(2)试车员的要求。试车员需具备制动系统工作原理知识、接受过系统的指导和经验丰富,从而能进行正确比较和发现问题。

(3)路面要求。路面应该是干爽、清洁、平坦的水平道路。

(4)路试前的准备。

①路试前检查:根据车主的描述,在路

试前检查可疑部位,消除不安全隐患。

②确定路试的步骤:根据车主的描述,试车员将故障可能的原因和症状联系起来,确定路试的方法和步骤。

(5)进行试车,确定故障。通过汽车的实际制动性能与标准的制动性能比较,确定故障的内容。

2 通过检测台进行测试,通过测试数据确认故障

与道路试验相比,台架试验科学性强,安全性高,不受试验条件和试车员主观判断的误差影响,能取得较准确的数据,便于分析和研究。

3 常见的制动检测台类型

(1)滚筒式制动试验台。滚筒式制动试验台具有测试条件固定、重复性好、结构简单和操作安全性能好等优点(本次任务的检测过程以滚筒式制动试验台为例进行汽车制动性能测试)。滚筒式制动试验台如图 6-6 所示。

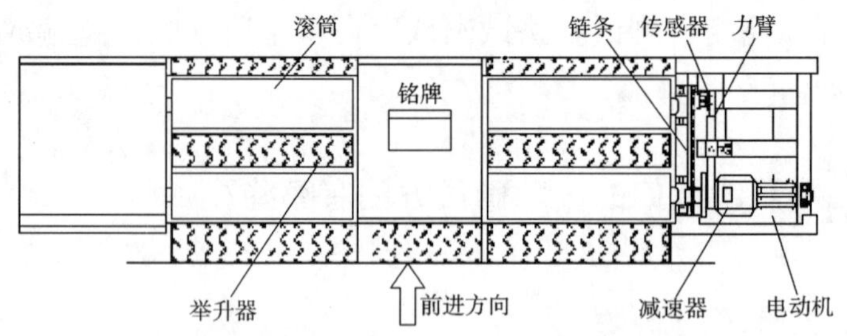

图 6-6　滚筒式制动试验台

(2)平板式制动试验台。平板式制动试验台具有结构简单、测试方便和测试过程更接近实际制动过程等优点。平板式制动试验台如图 6-7 所示。

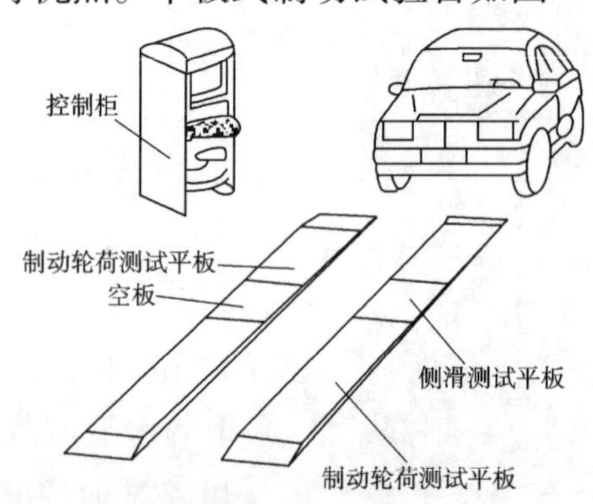

图 6-7　平板式制动试验台

引导问题5 如何根据测试台记录的相关数据来确定汽车制动跑偏？相关标准是什么？

1 行车制动性能检验

(1)汽车、汽车列车在制动检验台上测出的制动力应符合表6-1的要求。对空载检验制动力有质疑时，可用表6-1规定的满载检验制动力要求进行检验。

机动车制动检测标准　　表6-1

机动车类型	制动总质量与整车质量的百分比(%)		轴制动力与轴荷的百分比(%)	
	空载	满载	前轴	后轴
三轮汽车	>45		>60	
乘用车、总质量不大于3500kg的货车	>60	>50	>60	>20
其他汽车、汽车列车	>60	>50	>60	—
摩托车	—	—	>60	>55
轻便摩托车	—	—	>60	>50
用平板制动检验台检验乘用车时按动态轴荷计算。 空载和满载状态下测试均应满足此要求				

(2)制动力平衡要求(两轮、边三轮摩托和轻便摩托车除外)，在制动力增长全过程中同时测得的左右轮制动力差的最大值，与全过程中测得的该轴左右轮最大制动力中大者之比，对前轴不应大于20%，对后轴(及其他轴)在轴制动力不小于该轴轴荷的60%时不应大于24%；当后轴(及其他轴)制动力小于该轴轴荷的60%时，在制动力增长全过程中同时测得左右轮制动力差的最大值不应大于该轴轴荷的8%。

(3)汽车制动的协调时间，对于液压制动的汽车不应大于0.35s，对于气压制动的汽车不应大于0.60s；汽车列车、铰接客车和铰接式无轨电车的制动协调时间不应大于0.80s。

(4)汽车车轮阻滞力要求：进行制动力检验时，各车轮的阻滞力均不应大于车轮所在轴轴荷的5%。

2 驻车制动性能检验

当采用制动检验台检验汽车和正三轮摩托车驻车制动装置的制动力时，机动车空载，乘坐一名驾驶人，使用驻车制动装置，驻车制动力的总和不应小于该车在测试状态下整车质量的20%(对总质量为整备质量1.2倍以下的机动车为不小于15%)。

引导问题6 **针对不同类型的检验台,基本的检验方法和要求是什么?**

1 用滚筒式制动检验台检验

滚筒式制动检验台滚筒表面应干燥,没有松散物质及油污,滚筒表面当量附着系数不应小于0.75。

驾驶人将机动车驶上滚筒,位置摆正,变速器置于空挡。起动滚筒,在2s后测取车轮阻滞力;使用制动,测取制动力增长全过程中的左右轮制动力差和各轮制动力的最大值,并记录左右车轮是否抱死。

在测量制动时,为了获得足够的附着力,允许在机动车上增加足够的附加质量或施加相当于附加质量的作用力(附加质量或作用力不计入轴荷)。

在测量制动时,可以采取防止机动车移动的措施(例如加三角垫块或采取牵引等方法)。当采取上述方法之后,仍出现车轮抱死并在滚筒上打滑或整车随滚筒向后移出的现象,而制动力仍未达到合格要求时,应改用本标准中规定的其他方法进行检验。

2 用平板制动检验台检验

制动检验台平板表面应干燥,没有松散物质及油污,平板表面附着系数不应小于0.75。

驾驶人将机动车对正平板制动检验台,以5~10km/h的速度(或制动检验台制造厂家推荐的速度)行驶,变速器置于空挡(装备自动变速器的机动车可置变速器于N位),急踩制动踏板,使机动车停止,测取所要求的参数值。

二、实 施 作 业

针对汽车在制动时出现跑偏的现象,对制动系统进行故障诊断并排除故障。不同的车型检查故障的方法会有所区别,下面以爱丽舍轿车为例,进行故障的诊断与排除。

引导问题7 **对制动跑偏故障进行诊断和排除时,在表6-2中记录车辆基本信息。**

车辆基本信息表　　表6-2

车辆(VIN号)			
车牌号码		车型及行驶里程	
维修接待的维修意见			

引导问题8 制动器检查与维修需要准备的设备、工具与耗材有哪些？将准备情况记录在表6-3中。

设备、工具与耗材使用记录表 表6-3

名　称	型　号	数　量	是否会使用	是否准备好
举升设备			是□　否□	是□　否□
制动试验台			是□　否□	是□　否□
游标卡尺			是□　否□	是□　否□
千分尺			是□　否□	是□　否□
支架百分表			是□　否□	是□　否□
扭力扳手			是□　否□	是□　否□
维修手册			是□　否□	是□　否□
专用工具			是□　否□	是□　否□
常用工具			是□　否□	是□　否□
制动液			是□　否□	是□　否□
干净抹布			是□　否□	是□　否□

引导问题9 作业前的前期准备工作及相关项目的检查工作有哪些？

1 前期准备工作

（1）车辆进入工位前，清洁工位，准备好相关的工具、量具及材料（图1-21）。

（2）将待检车辆停驻在举升机中央位置（图1-22）。

（3）安装转向盘防护套（图1-23）。

（4）安装座椅防护套（图1-24）。

（5）安放脚垫（图1-25）。

（6）安装变速器变速杆防护套（图1-26）。

（7）安装驻车制动器操纵杆防护套（图1-27）。

（8）拉紧驻车制动器操纵杆，并将手动变速置于空挡，自动变速器置于N位（图1-28）。

2 汽车制动系统的基本检查工作

（1）检查制动液是否达到规定液面，制动管路是否有泄漏的现象，如图6-8～图6-10所示。

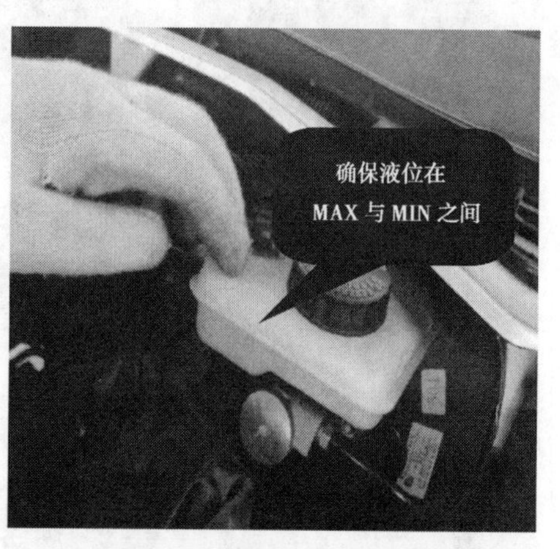

图6-8　制动液的检查

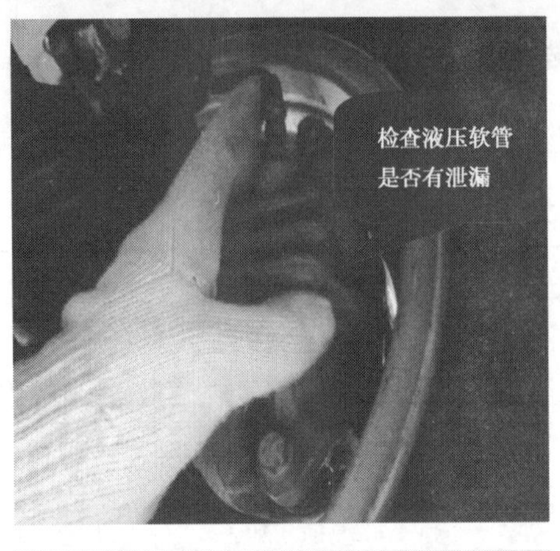

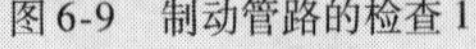
图 6-9　制动管路的检查 1

图 6-10　制动管路的检查 2

(2)将检查结果记录在表 6-4 中,并根据结果确定修理方法。

制动液、管路检查记录表　　表 6-4

项　　目	检 查 结 果	修 理 方 法
制动液量		
制动液品质		
制动管路		

图 6-11　检查车辆轮胎规格型号

3 检查轮胎气压及磨损情况

(1)检查车辆所有轮胎规格型号是否一致,如图 6-11 所示。

(2)检查各个轮胎气压是否正常,如图 6-12 所示。

(3)检查同轴两侧轮胎花纹是否一致,磨损程度是否一致,如图 6-13 所示。

(4)检查各轮胎气压及磨损情况,在表 6-5 中记录检查结果。

轮胎检查记录　　表 6-5

轮胎	气压值		尺寸	新旧情况		磨损情况	
项目	测量值	标准值		新	旧	正常	超标
前左				□	□	□	□
前右				□	□	□	□
后左				□	□	□	□
后右				□	□	□	□

图6-12 检查轮胎气压是否正常

图6-13 检查轮胎磨损程度

引导问题10 如何正确利用制动试验台对汽车进行制动性能测试?

1 制动性能检测流程

利用制动试验台对汽车进行制动性能检测的流程如下。

(1)将车辆开入四合一检测线待检区,如图6-14所示。

图6-14 车辆进入待检区

(2)打开四合一检测线主控台电源,如图6-15所示。

(3)进入计算机界面点击“工位”图,如图6-16所示。

图6-15 检测线主控台

图6-16 点击“工位”图标

(4)进入检测界面,选择"半自动检测"图标,如图6-17所示。

(5)根据计算机提示"完成基本信息"填写,如图6-18所示。

图6-17　检测界面子菜单

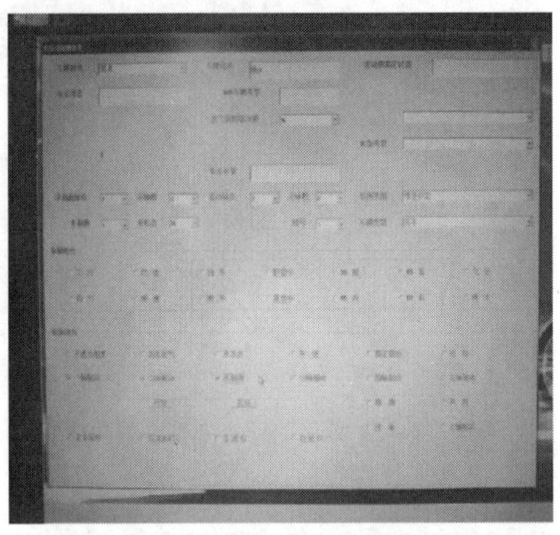

图6-18　"基本信息"的检测面

(6)最后进入最终的界面,如图6-19、图6-20所示。

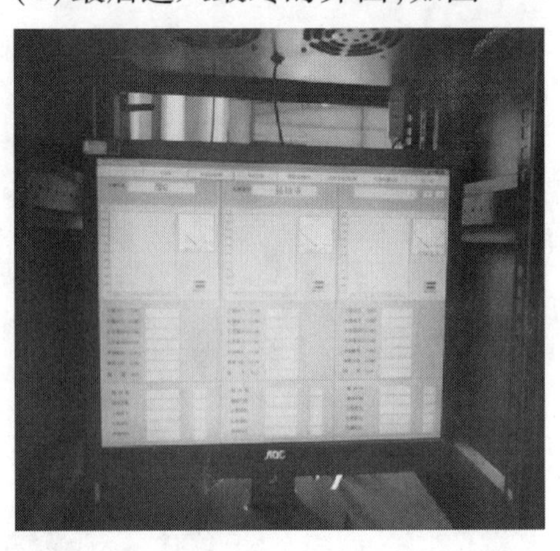

图6-19　测试界面1

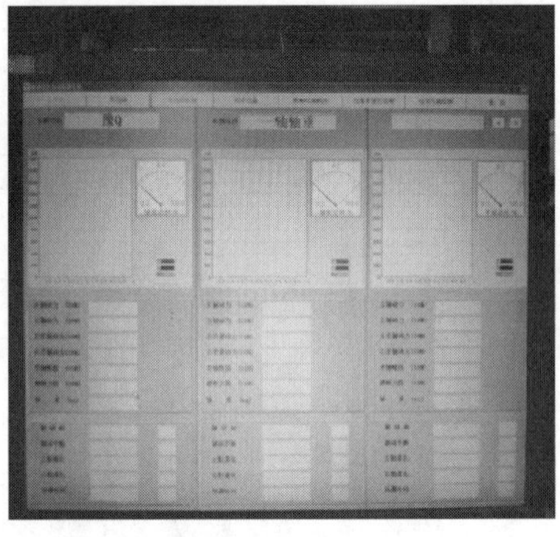

图6-20　测试界面2

(7)将车辆由待检区域驶向制动检测台,如图6-21所示。

(8)将车辆前轮停放在滚筒上,如图6-22所示。

(9)检测台会根据压力传感器信号自动将车辆前轴重力及前轮制动力测试出来,如图6-23、图6-24所示。

提示:需要踩制动踏板时,四合一主控系统的计算机会提示。

(10)对前轮制动数据进行分析,判断是否由于前轮制动力不等引起制动跑偏,如图6-25所示。

图 6-21　进入检测线

图 6-22　汽车前轮停在滚筒上

图 6-23　测试数据 1

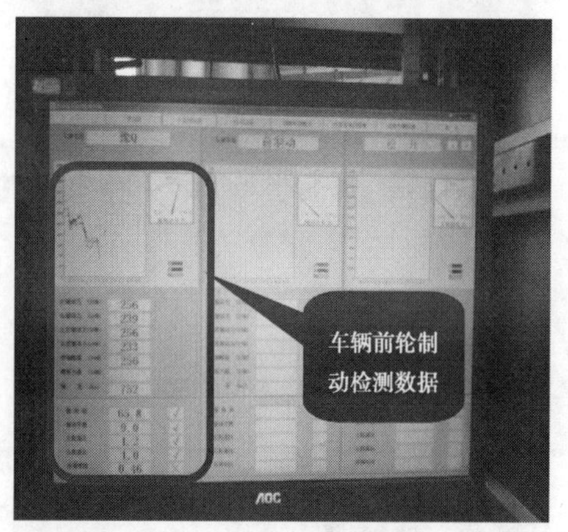

图 6-24　测试数据 2

(11)将车辆前轮驶离滚筒,将车辆后轮停放在检测台滚筒上,如图 6-26 所示。

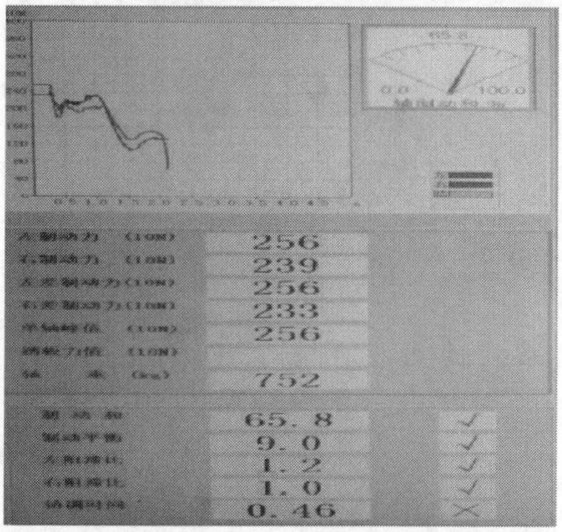

图 6-25　前轮数据分析

图 6-26　检测车辆后轮

(12)根据计算机右上方提示进行操作,如图 6-27 所示。

(13)检测后轮制动,并获得相关数据信息,如图 6-28 所示。

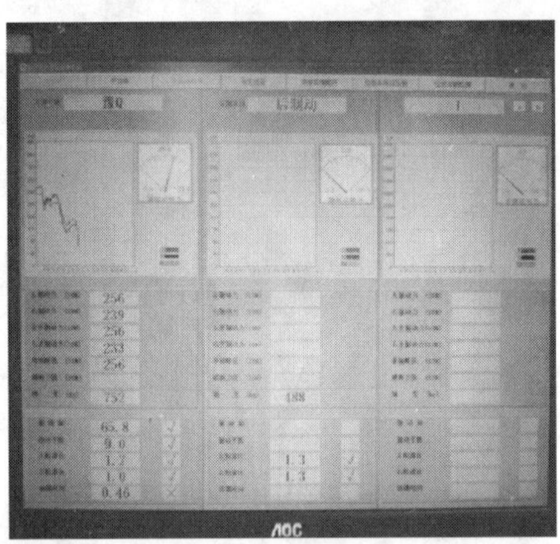

图 6-27　根据提示进行操作

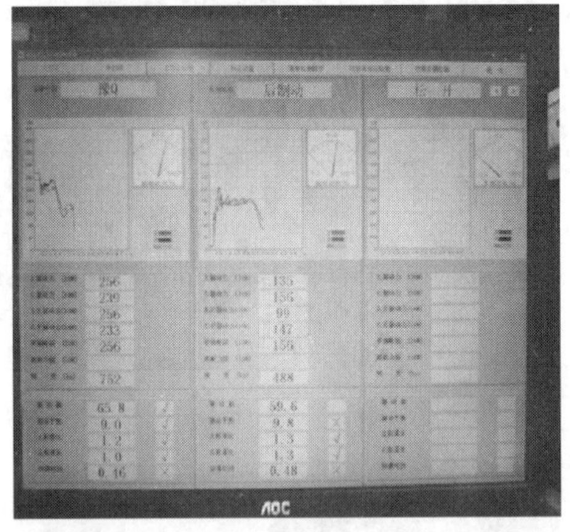

图 6-28　测试数据

(14)对后轮制动数据进行分析,判断是否后轮制动力不等引起制动跑偏,如图 6-29 所示。

(15)将车驶离四合一制动检测线上,如图 6-30 所示。

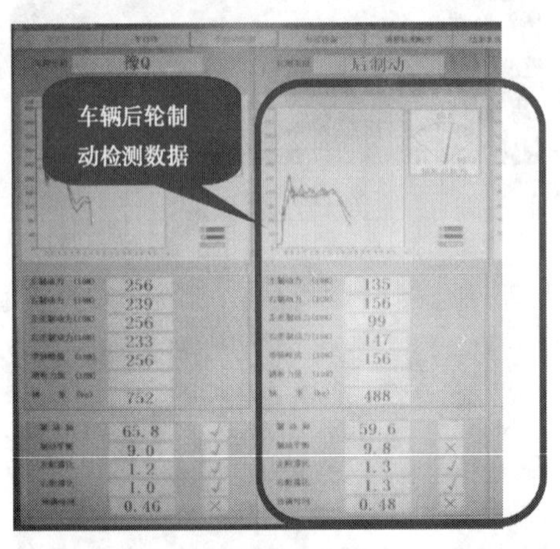

图 6-29　后轮数据分析

图 6-30　驶离检测线

(16)最后根据检测数据,对前、后轮制动器的制动力进行分析,确定出现故障的制动器。

2 判断测试数据是否符合标准

进行制动测试时,将测试结果填写在表 6-6 中,并判断测试数据是否符合标准。

制动力测试结果记录　　表 6-6

制　动　力	前制动力(N)	后制动力(N)	驻车制动力(N)
左轮			
右轮			
合计			

在表 6-7 中记录轴重力数据。

轴重力数据记录表　　表 6-7

前轴重力(N)	后轴重力(N)	总重力(N)

根据测试数据,计算下面各指标,将计算结果填入表 6-8 中。

制动测试数据表　　表 6-8

制动性能指标	行车制动	驻车制动
总制动力(N)		
总制动力/总重力(%)		
前制动力总和/前轴重力		—
后制动力总和/后轴重力		—
前左右制动力之差/前最大制动力		—
后左右制动力之差/后最大制动力		—

引导问题 11　如何根据制动系统检测出左右制动力的不一致来确定制动器的最终故障点?

1 对制动系统进行排气

对制动系统进行排气见学习任务一引导问题 12。

2 检查前盘式制动器

(1)在车辆举升前用 19mm 套筒和扭力扳手或轮胎螺栓专用套筒拧松车轮螺栓(图 4-4a)。

(2)在确保车辆固定无误的条件下举升车辆,举升至合适高度停止,举升机保险落锁(图 1-34)。

(3)从观察孔内观察车轮的制动间隙是否一致,如图 6-31 所示。

(4)拆卸制动器(学习任务五之引导问题 8)。

(5)检查两片制动摩擦块有无偏磨损现象,如图 6-32 所示。

图 6-31　观察摩擦块间隙

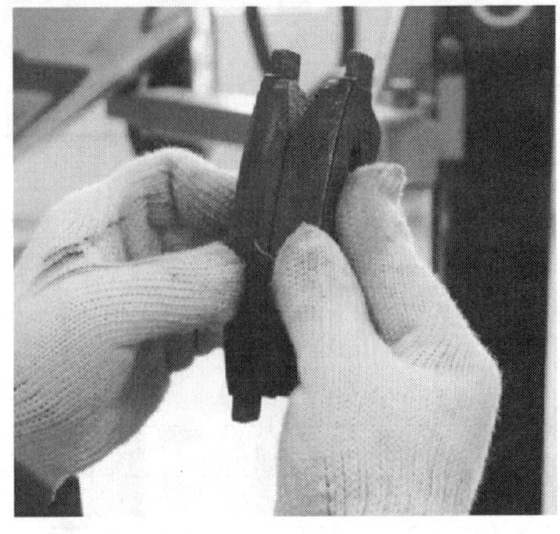

图 6-32　检查制动摩擦块

(6)检查制动轮缸是否有漏油现象,如图 6-33 所示。

(7)检查制动软管是否有老化现象,如图 6-34、图 6-35 所示。

图 6-33　检查制动轮缸

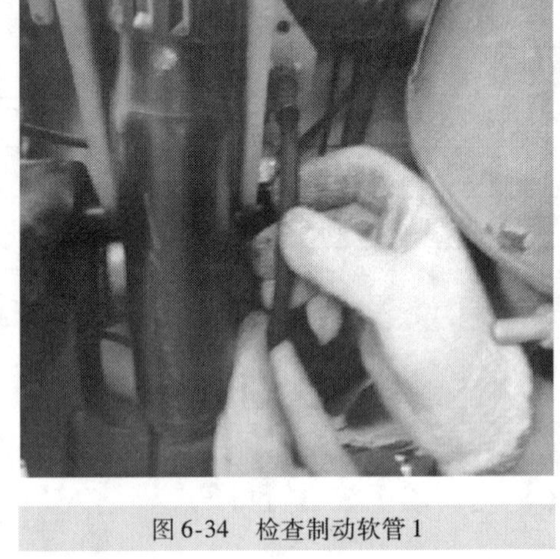

图 6-34　检查制动软管 1

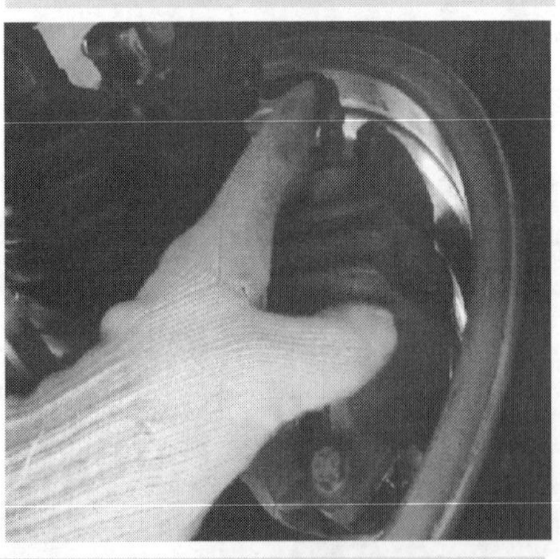

图 6-35　检查制动软管 2

(8)检查前轮盘式制动器工作状况(见学习任务五之引导问题 12)。

(9)安装车轮,旋入车轮固定螺栓(图 4-32)。

(10)车辆降至地面,拧紧车轮螺栓,拧紧力矩为 90N·m(图 4-33)。

(11)起动发动机,连续踩制动踏板几次,使制动摩擦块与制动盘之间恢复间隙(图 1-46a)。

3 检查后轮鼓式制动器

（1）拆卸后轮，如图 6-36 所示。

（2）拆卸制动鼓固定螺母，如图6-37所示。

（3）拆下后制动鼓，如图 6-38 所示。

（4）检查制动轮缸是否有漏油现象，如图 6-39 所示。

（5）检查轮缸防尘套是否有破损，如图 6-40 所示。

图 6-36 拆卸后轮

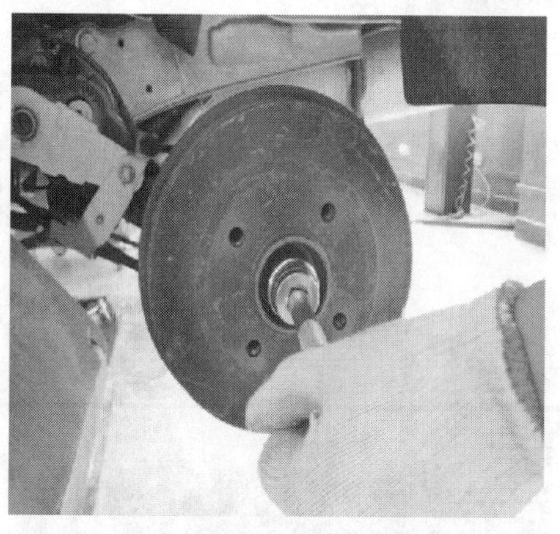

图 6-37 拆卸制动鼓固定螺母

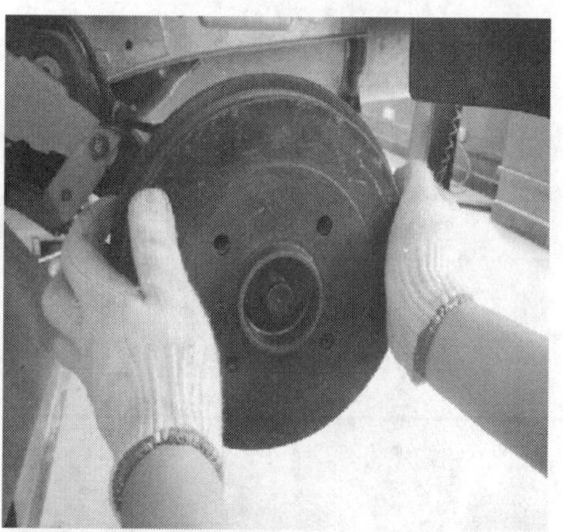

图 6-38 拆下后制动鼓

图 6-39 检查后制动轮缸

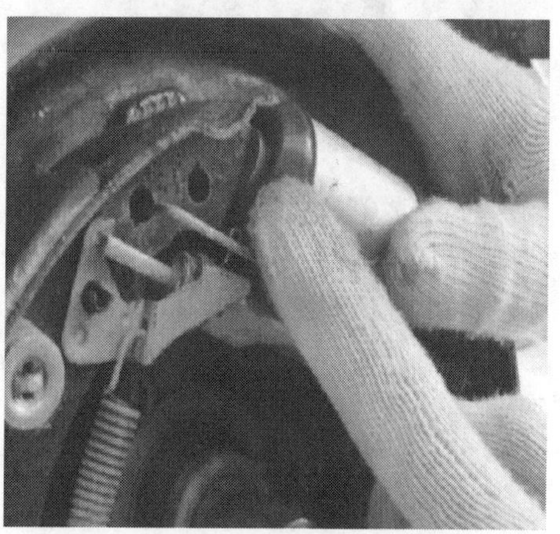

图 6-40 检查轮缸防尘套

(6)检查制动蹄摩擦片是否有油污、裂纹,如图6-41所示。

(7)检查复位弹簧是否有断裂、变形的现象,如图6-42所示。

图6-41　检查制动蹄摩擦片

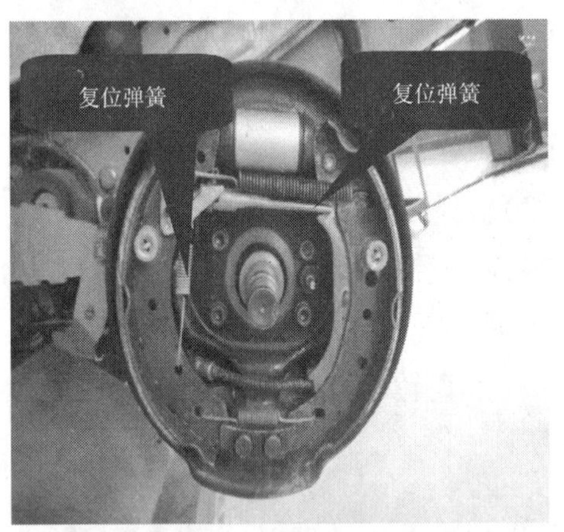

图6-42　检查复位弹簧

(8)清洁制动鼓内工作面,如图6-43所示。

(9)测量制动鼓直径,是否符合标准,如果超过使用极限值(表6-9),必须更换新制动鼓,如图6-44所示。

图6-43　清洁制动鼓

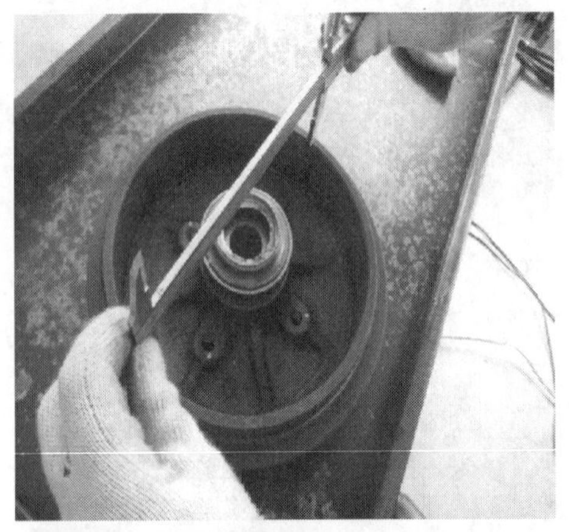

图6-44　测量制动鼓直径

常见车型制动鼓的标准直径和允许最大直径　　表6-9

车型	项目	数值
爱丽舍	标准直径(mm)	203
	磨损后允许最大直径 $\phi 2$(mm)	205
桑塔纳2000	标准直径(mm)	200
	磨损后允许最大直径 $\phi 2$(mm)	201

(10)装复制动鼓后,反复缓慢地踩下—放松制动踏板,如图 6-45 所示。

(11)用双手转动制动鼓,检验制动轮缸活塞复位是否正常,如图 6-46 所示。

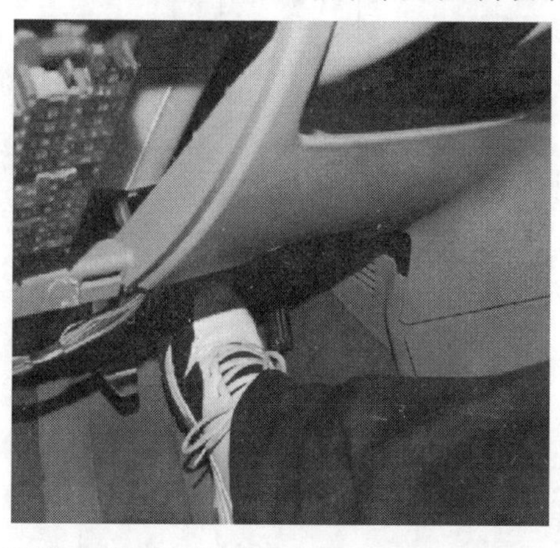

图 6-45 踩下—放松制动踏板

图 6-46 转动制动鼓

4 清洁现场

清理工具、量具,收回防护 5 件套,清洁现场(图 1-58 ~ 图 1-60)。

三、评价与反馈

1. 对本学习任务进行评价,见表 6-10。

评 分 表 表 6-10

考核项目	评分标准	分 数	学生自评	小组评价	教师评价	小 计
团队合作	是否和谐	5				
活动参与	是否积极、主动	5				
安全生产	有无安全隐患	10				
现场 5S	是否做到	10				
任务方案	是否正确、合理	15				
操作过程	1. 测量制动摩擦块厚度; 2. 检查制动摩擦块的不均匀磨损; 3. 检查制动间隙是否一致; 4. 测量制动盘厚度; 5. 测量制动鼓内径;	30				

续上表

考核项目	评分标准	分数	学生自评	小组评价	教师评价	小计
操作过程	6. 检查制动油管接头处是否渗漏; 7. 检查制动轮缸的制动液渗漏、破损; 8. 检查制动蹄摩擦片的状况; 9. 检查制动蹄摩擦片复位; 10. 检查制动盘跳动量; 11. 完成车辆在制动台测试流程	30				
任务完成情况	是否圆满完成	5				
工具与设备使用	是否标准、规范	10				
劳动纪律	是否严格遵守	5				
工单填写	是否完整、规范	5				
总 分		100				
教师签名:		年 月 日		得 分		

2. 在实施作业时每个安全事项都注意到了吗?如没有,找出忽略的地方和原因。

3. 能否在驾驶人的帮助下,独立完成制动测试控制台的整个操作流程?如不能,请加强生疏环节的操作练习。

四、学习拓展

1. 参照制动跑偏故障诊断的基本流程，你能描述汽车制动失效的故障有什么现象吗？

2. 造成制动失效的原因有哪些？

3. 制动失效故障在制动测试台测得数据与制动跑偏的数据有什么区别？

学习任务七

ABS 警告灯点亮的检查与维修

学习目标

完成本学习任务后,你应当能:

1. 叙述防抱死制动系统(ABS)的组成、作用和发展;
2. 熟悉爱丽舍轿车防抱死制动系统(ABS)各元件在车上的安装位置和它们的主要作用;
3. 用汽车诊断仪读取和清除防抱死制动系统(ABS)的故障码;
4. 检查轮速传感器,必要的时候进行清洁或更换。

建议完成本学习任务的时间为 12 课时。

学习任务描述

一辆爱丽舍轿车在行驶过程中,ABS 警告灯点亮。要求你查明 ABS 警告灯点亮的原因并排除故障。

学习内容

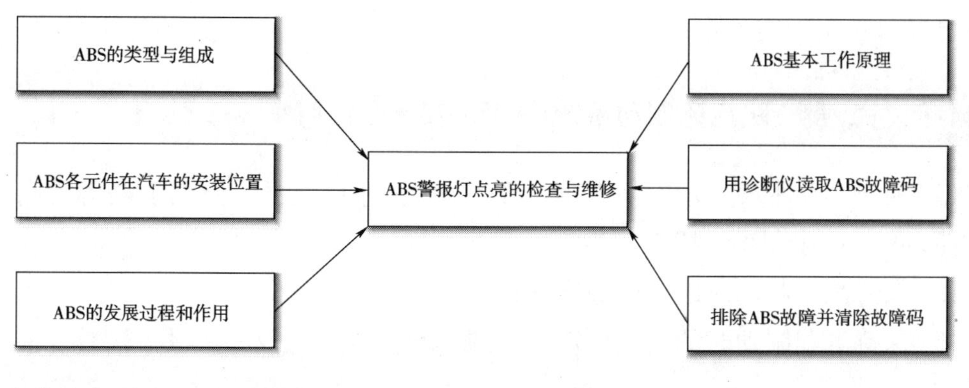

一、资料收集

引导问题1 防抱死制动系统的发展过程是怎样的?

ABS(Anti-locked Braking System)中文译为"防抱死制动系统。ABS的发展可以追溯到20世纪初期,早在1928年制动防抱理论就被提出,在20世纪30年代机械式制动防抱系统开始在火车和飞机上获得应用,博世(BOSCH)公司在1936年第一个获得了防抱死制动系统的专利权。20世纪50年代防抱死制动系统开始应用于汽车工业。1987年欧共体颁布一项法规,要求从1991年起,欧共体所有成员国生产的所有新车型均需装备防抱制动装置,同时规定凡载质量为16t以上的货车必须装备ABS,并且禁止无此装置的汽车进口。日本规定,从1991年起,总质量超过13t的牵引车,总质量超过10t的运送危险品的拖车、在高速公路上行驶的大客车都必须安装ABS。

我国对ABS的研究开始于20世纪80年代初。目前,我国政府已制定车辆安全性方面的强制性法规,GB 12676—1999《汽车制动系统结构、性能和试验方法》,规定首先在重型车和大客车上安装电子控制式ABS。GB 7258—2004《机动车运行安全技术条件》又具体规定了必须安装的车型和时间。规定总质量大于12000kg的长途客车和旅游客车,总质量大于16000kg允许挂接总质量大于10000kg挂车的货车,及总质量大于10000kg的挂车必须安装ABS。

目前,国际上ABS在汽车上的应用越来越广泛,已成为绝大多数类型汽车的标准装备。北美和西欧的各类客车和轻型货车ABS的装备率已达90%以上,轿车ABS

的装备率在 60% 左右,运送危险品的货车 ABS 的装备率为 100%。到 2005 年,我国国产车辆 ABS 装车率已经达到 50%。微型车、客车 ABS 的装车率为 20%。现在,ABS 已经是轿车上的基本配置了。

引导问题 2　防抱死制动系统(ABS)有什么作用?

(1)缩短制动距离。ABS 能保证汽车在雨后、冰雪及泥泞路面上获得较高的制动效能,可缩短制动距离 10% ~20%。

(2)保持汽车制动时的方向稳定性;防止汽车侧滑甩尾。

(3)保持汽车制动时的转向稳定性;在制动时,可以有效地操纵车辆避开前面的障碍物。

(4)减少汽车制动时轮胎的磨损。克服了轮胎边滚边滑的状态,提高轮胎使用寿命 10% 左右。

(5)减轻驾驶人的疲劳强度,特别是在冰雪等特殊道路条件下汽车制动时的紧张情绪。

引导问题 3　防抱死制动系统(ABS)的基本组成是什么?它们分别安装在汽车的什么位置?

通常,ABS 是在普通制动系统的基础上加装轮速传感器、ABS 电控单元、ABS 制动压力调节装置、ABS 警告灯及制动控制电路等,如图 7-1 所示。

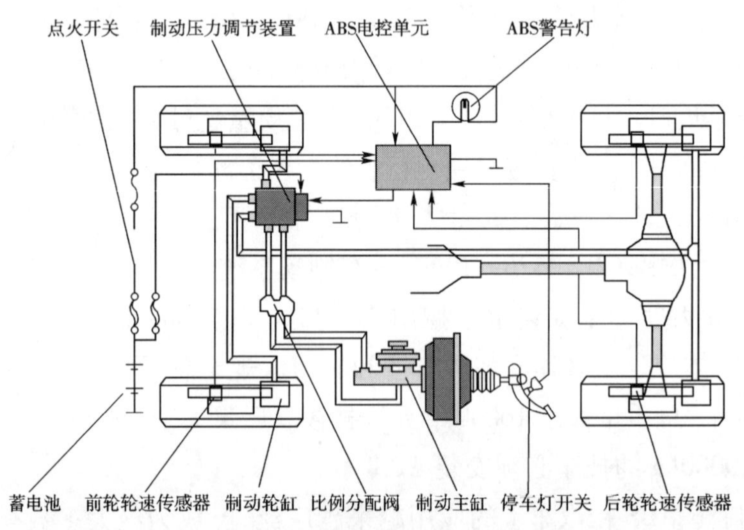

图 7-1　ABS 的组成(分置式)

ABS 元件在汽车上的安装位置,如图 7-2 所示。

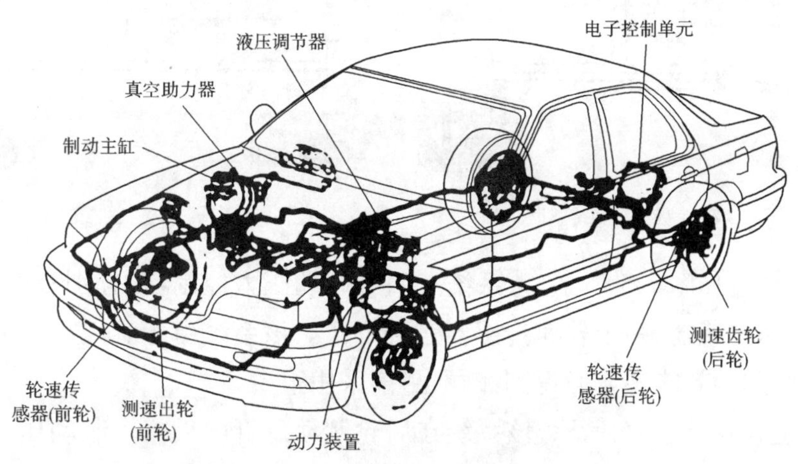

图 7-2 安装位置

引导问题 4 防抱死制动系统(ABS)有哪些类型?

(1)按控制方式分:机械式和电子式。

现在,机械式 ABS 已经基本淘汰,现代汽车上装配的几乎全部是电子式 ABS。

(2)按组合形式分:分离式和整体式。

整体式是把制动主缸和制动压力调节器组为一体。它结构简单,管路少,成本高。

分离式是把制动主缸、制动压力调节器分别为独立的总成。它管路布置灵活,所以使用广泛。

(3)按控制通道和轮速传感器数量分:四通道式、三通道式、二通道式、一通道式。

四通道式:如图 7-3 所示,该系统有四个控制通道、四个轮速传感器,在通往制动轮缸的管路中,各设一个制动压力调节器,对各个轮缸进行单独控制,该系统附着系数利用率高,制动时可以最大限度地利用每个车轮的最大附着力。但是如果汽车左右两个车轮的附着系数相差较大(如路面部分积水或结冰),会影响汽车的制动方向稳定性。

三通道式:如图 7-4 所示,该系统有三个控制通道、四个轮速传感器,或三个控制通道、三个轮速传感器两种。一般,两前轮采用独立控制,两后轮按低选原则进行同时控制。采用该系统的汽车在各种条件下制动时都具有良好的方向稳定性。所以三通道 ABS 在轿车上被普遍采用。

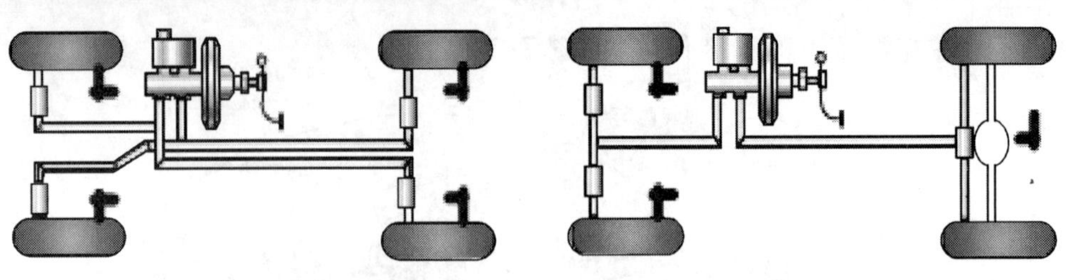

图 7-3　四通道四传感器　　图 7-4　三通道三传感器

二通道式：如图 7-5 所示，该系统有两个制动压力控制器，分别有四个轮速传感器、三个轮速传感器、两个轮速传感器三种形式。该系统由于难以在方向稳定性、转向控制性和制动效能各方面得到兼顾，目前采用很少。

一通道式：如图 7-6 所示，该系统在后轮制动总管中设一个制动压力调节器，在后驱动桥上安装一个轮速传感器或在两后轮上各安装一个轮速传感器，该系统一般是对两后轮按低选原则进行同时控制，不控制两前轮。虽然制动时前轮的转向操纵能力未得到改善，但后轮不会抱死，提高了制动时的方向稳定性，并且结构简单，成本低，所以在一些轻型载货汽车上广泛应用。

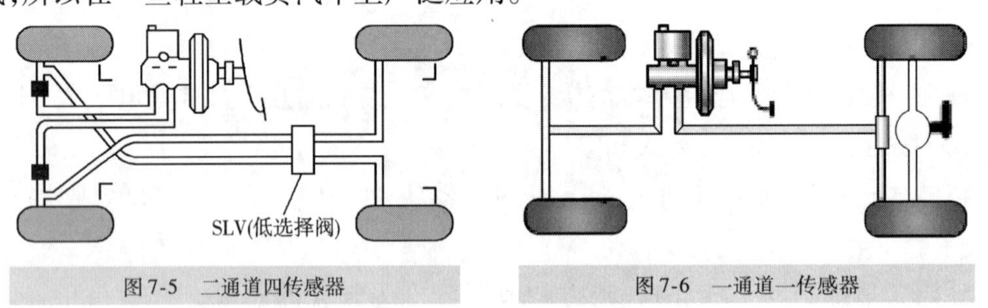

图 7-5　二通道四传感器　　图 7-6　一通道一传感器

引导问题 5　防抱死制动系统(ABS)的工作原理是什么?

汽车制动是利用地面与轮胎的摩擦力来实现减速的。制动时，车速和轮速之间产生一个速度差，车速和轮速之间存在的速度差称为滑移现象，此时，车轮既有滑动也有滚动。滑移的程度用滑移率 S 来表示，滑移率 $S=[(车速-轮速)/车速]\times 100\%$。实验证明，当滑移率处于 10% ~20% 时，制动力可达最大值。防抱死制动系统(ABS)就是保证汽车在各种路面状态下保持这一滑移率，从而保证最佳制动状态，使制动的方向稳定性和方向操纵性得到改善。

防抱死制动系统(ABS)的基本原理：汽车制动时，轮速传感器不断把各个车轮的转速信号及时输送给 ABS 电控单元，ABS 电控单元根据设定的控制逻辑对四个车轮轮速传感器输入的信号进行处理，计算汽车的参考车速、各个车轮速度和减

速度,确定各个车轮的滑移率。如果某个车轮的滑移率超过设定值,ABS 电控单元就发出指令给液压控制装置,使该车轮制动轮缸中的制动压力减小;如果某个车轮的滑移率低于设定值,ABS 电控单元就发出指令给液压控制装置,使该车轮制动轮缸中的制动压力增大;如果某个车轮的滑移率接近设定值,ABS 电控单元就发出指令给液压控制装置,使该车轮制动轮缸中的制动压力保持不变。

引导问题 6　防抱死制动系统(ABS)主要零部件的作用是什么?

(1)ABS 电控单元的作用:连续监测、接收轮速传感器传来的信号,与设计好的数据进行计算、对比、分析并作出判断,如判断车轮将要抱死,向液压调节装置发出指令,调节制动系统油路中的压力,防止车轮抱死。

(2)ABS 液压调节装置的作用:ABS 液压调节装置装在制动主缸与制动轮缸之间。与制动主缸安装在一起的称为整体式,反之称为分离式。它的作用是接收 ABS 电控单元的指令,控制制动主缸向制动轮缸提供制动液的压力大小,既要保证车轮的制动液压力较大又不能使车轮抱死。

(3)轮速传感器的作用:将车轮转速信号转换成电信号,输送给 ABS 电控单元。

引导问题 7　轮速传感器的结构是怎样的?

目前,用于 ABS 的轮速传感器主要有电磁式和霍尔式两种。

1 电磁式轮速传感器

电磁式轮速传感器由永磁体、极轴和感应线圈等组成,极轴头部结构有凿式和柱式两种,如图 7-7 所示。

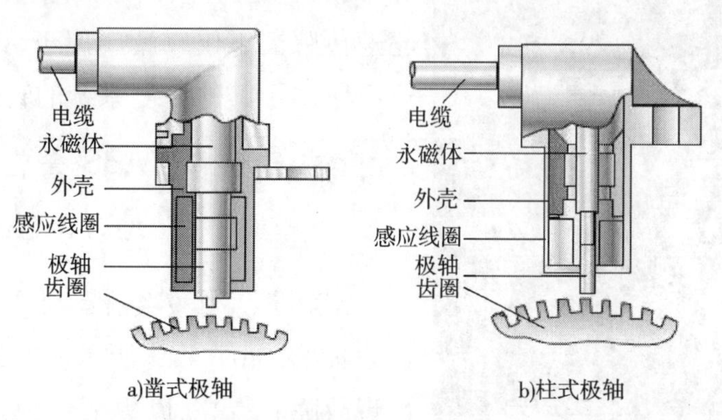

图 7-7　轮速传感器剖视图

齿圈旋转时，齿顶和齿隙交替对向极轴。在齿圈旋转过程中，感应线圈内部的磁通量交替变化从而产生感应电动势，此信号通过感应线圈末端的电缆输入 ABS 电控单元。当齿圈的转速发生变化时，感应电动势的频率也变化。ABS 电控单元通过检测感应电动势的频率来检测车轮转速。

电磁式轮速传感器结构简单、成本低，但存在下述缺点：一是其输出信号的幅值随转速的变化而变化，若车速过慢，其输出信号低于 1V，电控单元就无法检测；二是响应频率不高，当转速过高时，传感器的频率响应跟不上；三是抗电磁波干扰能力差，目前，国内外 ABS 的控制速度范围一般为 15 ~ 160km/h，今后要求控制速度范围扩大到 8 ~ 260km/h 以至更大，显然电磁感应式轮速传感器很难适应。

2 霍尔轮速传感器

霍尔轮速传感器也是由传感头和齿圈组成。传感头由永磁体、霍尔元件和电子电路等组成，永磁体的磁力线穿过霍尔元件通向齿轮，如图 7-8 所示。

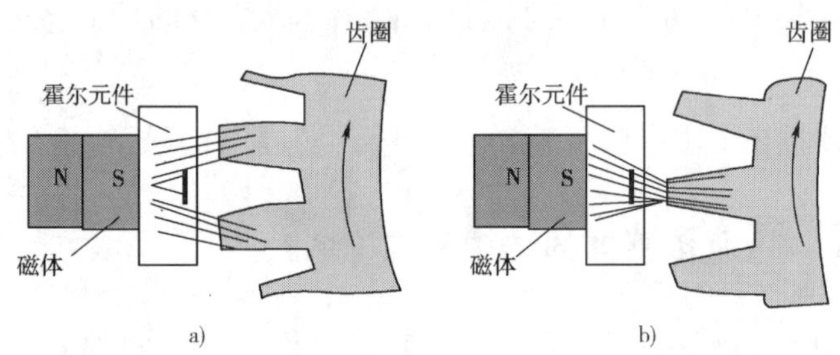

图 7-8　霍尔轮速传感器示意图

霍尔轮速传感器具有以下优点：其一是输出信号电压幅值不受转速的影响；其二是频率响应高，其响应频率高达 20kHz，相当于车速为 1000km/h 时所检测的信号频率；其三是抗电磁波干扰能力强。因此，霍尔轮速传感器不仅广泛应用于 ABS 轮速检测，也广泛应用于其他控制系统的转速检测。

图 7-9　ABS 警告灯

引导问题 8　**ABS 警告灯安装在什么地方？它的作用是什么？**

ABS 警告灯安装在驾驶室中驾驶人位置的仪表板上，如图 7-9 所示。它的作用是当 ABS 出现故障时点亮，以提醒驾驶人 ABS 发生了故障，及时去排除故障。ABS 正常时，驾驶人打开

点火开关，ABS 警告灯会点亮，起动发动机 5s 后，ABS 警告灯自动熄灭，如不熄灭，说明 ABS 有故障发生。

引导问题9 什么情况下 ABS 警告灯会点亮？

在制动过程中，当车轮没有抱死的趋势时，ABS 将不参与制动压力控制，此时，制动过程与常规制动系统相同；当某个车轮有抱死的趋势时，ABS 就参与制动压力控制。当 ABS 某一个环节出现故障时，如轮速传感器短路、断路或轮速传感器表面有污垢等，ABS 电控单元就不再对压力调节装置进行控制，并将 ABS 警告灯点亮来提醒驾驶人。此时，ABS 不起作用，制动过程与常规制动系统一样。

二、实 施 作 业

引导问题10 作业需要哪些工具、设备和材料？

(1)磁力护裙和防护 5 件套(图 1-18)。

(2)举升机。

(3)爱丽舍轿车维修手册。

(4)KT600 诊断仪，如图 7-10 所示。

(5)抹布、手电筒、组合工具一套(图 1-19)。

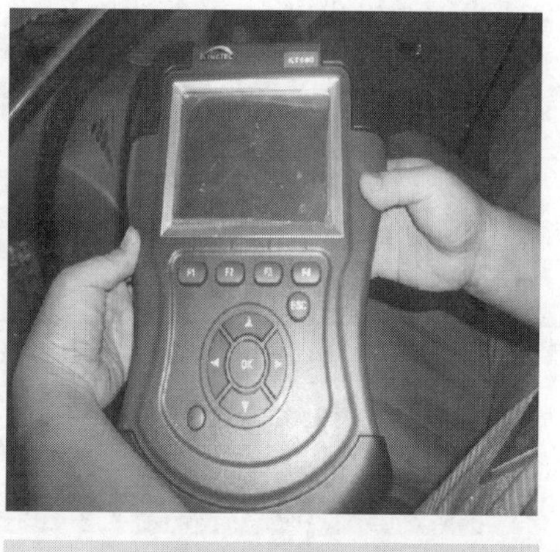

图 7-10 KT600 诊断仪

引导问题11 通过查询和查找，填写以下信息。

生产年份________，车牌号码________，行驶里程________，发动机型号及排量________，车辆识别代号(VIN)________。

制动系统油管布置形式：________。

提示：生产年份、发动机型号及排量、识别代码等信息可看汽车的铭牌；制动系统相关信息可参考维修手册。

引导问题12 作业前的准备工作有哪些？

(1)车辆进入工位前，清洁工位(图 1-21)，准备好相关的工具、量具及材料。

(2)将待检车辆停驻在举升机中央位置(图 1-22)。

(3)安装转向盘防护套(图 1-23)。

(4)安装座椅防护套(图 1-24)。

(5)安放脚垫(图 1-25)。

(6)安装变速器变速杆防护套(图 1-26)。

(7)安装驻车制动器操纵杆防护套(图 1-27)。

(8)拉紧驻车制动器操纵杆,并将手动变速器置于空挡,自动变速器置于 N 位(图 1-28)。

(9)支撑发动机舱盖(图 1-29)。

(10)粘贴前脸磁力护裙和左、右翼子板布(图 1-30)。

引导问题 13　怎样正确使用 KT600 诊断仪?

KT600 诊断仪如图 7-11 所示。诊断议的红色键为开关键,“OK”键为确认键,“ESC”键为退出键,四个箭头键为移动方向键。

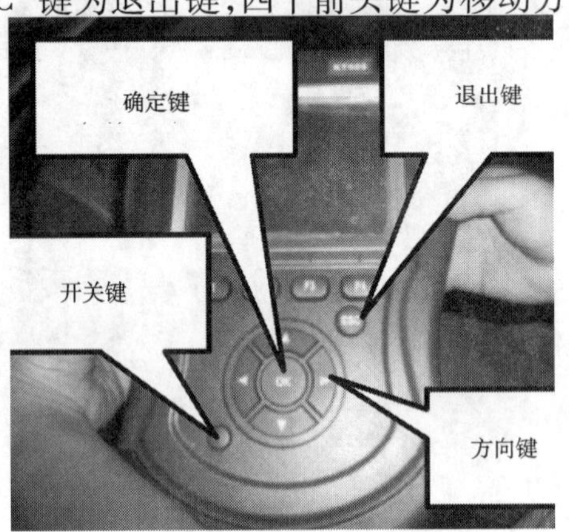

a) 诊断仪正面

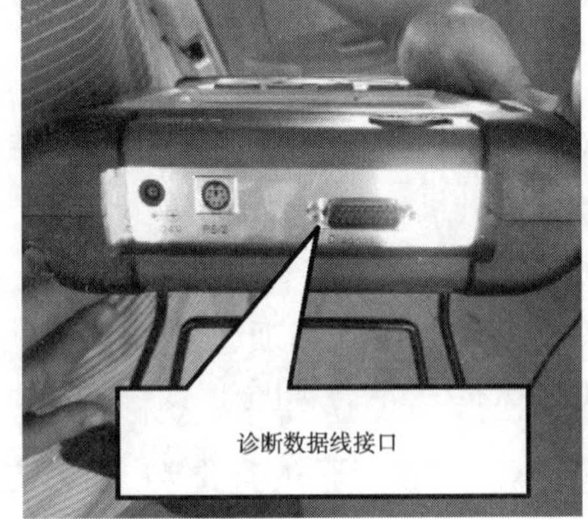

b) 诊断仪前面

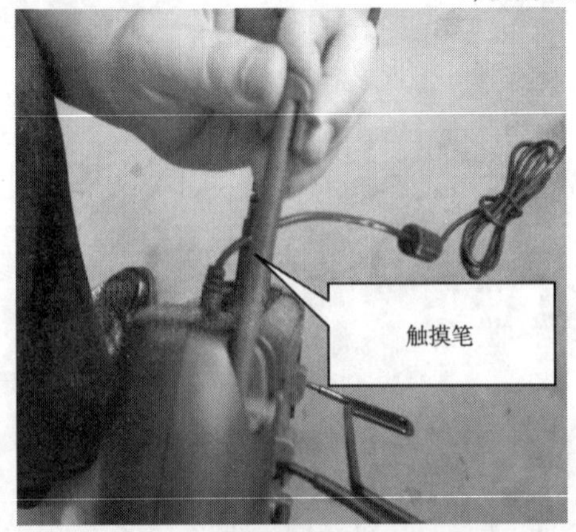

c) 诊断右前方

图 7-11　KT600 诊断仪

提示:KT600诊断仪可以用触摸笔操作,也可以用按键操作。

诊断仪在使用前,需充足电。使用时,按开关键5s以上,当屏幕有显示时,松开开关键,在诊断仪的右前端取出触摸笔,点“普通模式”(图7-12);屏幕上会出现一个菜单,点“汽车诊断”(图7-13);诊断仪会出现一个子菜单,上面显示了一些常见的汽车品牌(图7-14),再根据诊断的汽车品牌选择,做进一步的诊断。

图7-12 点“普通模式”

图7-13 点“汽车诊断”

图7-14 诊断仪子菜单

引导问题14 怎样用KT600诊断仪读取故障码?

对于不同的车型,甚至同一系列不同年代生产的车型,检查的方法和程序都会有所不同,下面以爱丽舍轿车为例,阐述如何用KT600诊断仪读取故障码。

先将车辆安全固定,拉起驻车制动器操纵杆(手刹),转动点火开关起动发动机,观察仪表板上ABS警告灯是否点亮。如发动机起动5s后,ABS警告灯仍然点亮,则关闭点火开关,进行如下操作:

(1)操作诊断仪,当出现子菜单要选择汽车品牌时,选择“雪铁龙专用”(图7-14),按“OK”键,出现子菜单,选择“按车型诊断”,按“OK”键(图7-15)出现测试接头提示,在诊断仪盒中,取出相对应的诊断接头“PEUGEOT”(图7-16)。

提示:不同的车型选择的诊断接头不一样。

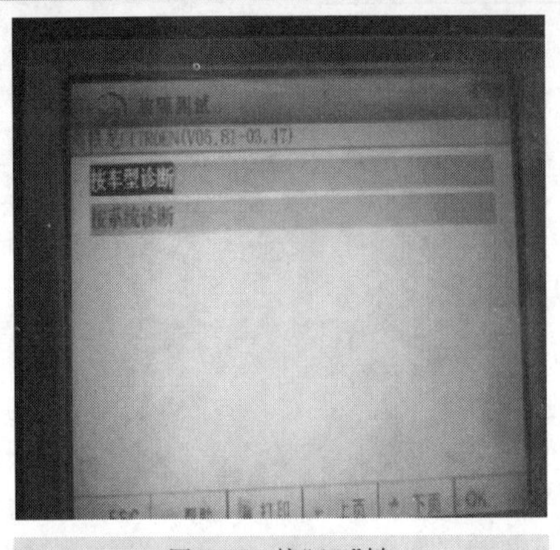

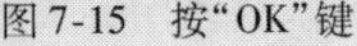

图 7-15　按“OK”键

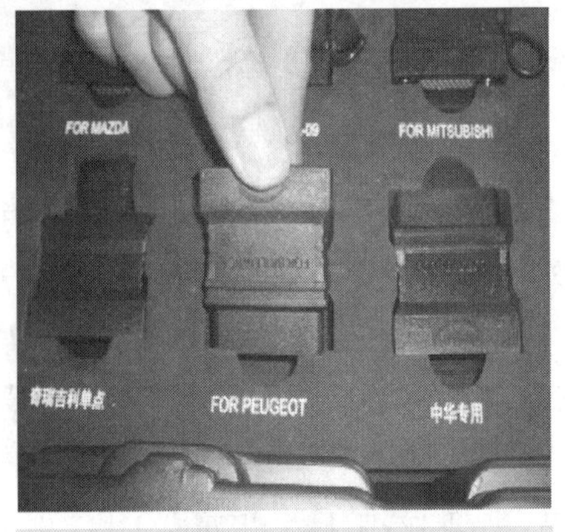

图 7-16　取出诊断接头“PEUGEOT”

(2)取出诊断数据连接线,一端与诊断仪连接(图 7-11b),一端和诊断接头连接(图 7-16),如图 7-17 所示。

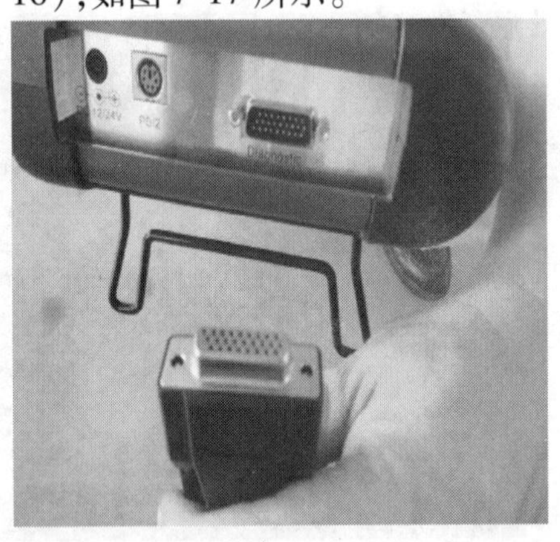

a)

b)

图 7-17　连接数据线

(3)打开诊断插口盖板(在转向盘左侧下方),将 KT600 诊断仪连接到车上的诊断插口上,如图 7-18 所示。

图　7-18

图 7-18　连接论断仪到车上的诊断插口

(4)起动发动机,操作诊断仪诊断故障车。

(5)点“按车型选择”,出现雪铁龙的车型,选择“新爱丽舍”,如图 7-19 所示。

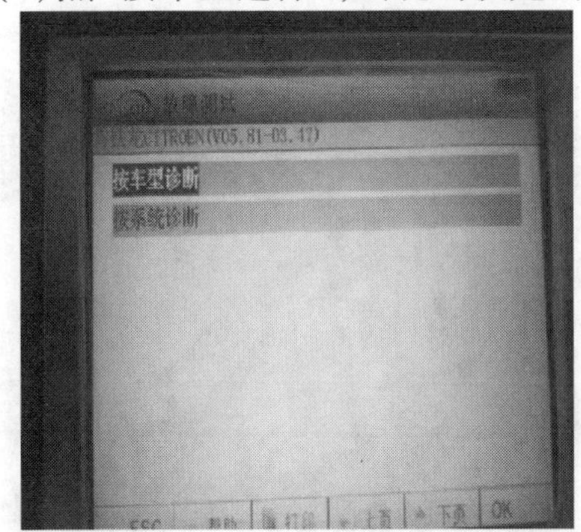

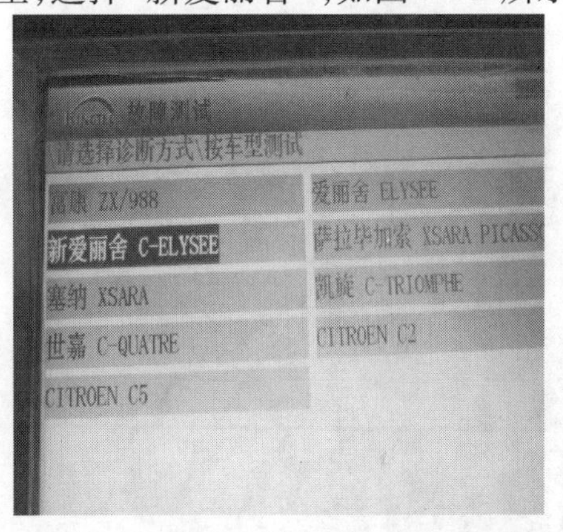

图 7-19　选择检测车型

(6)选择“底盘制动 ABS”,出现故障码 5335,显示为右后轮速传感器断路或短路,如图 7-20 所示。

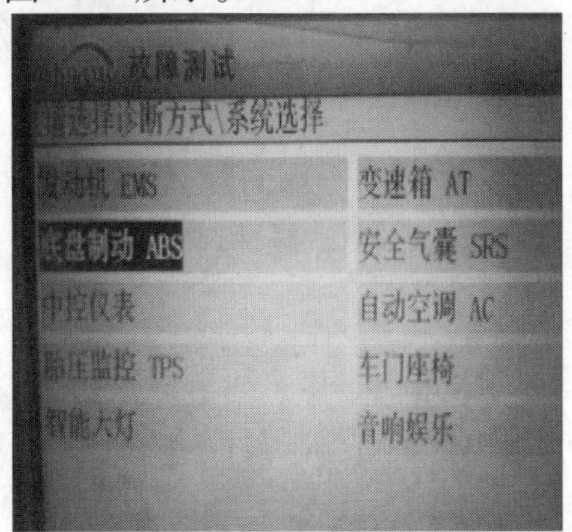

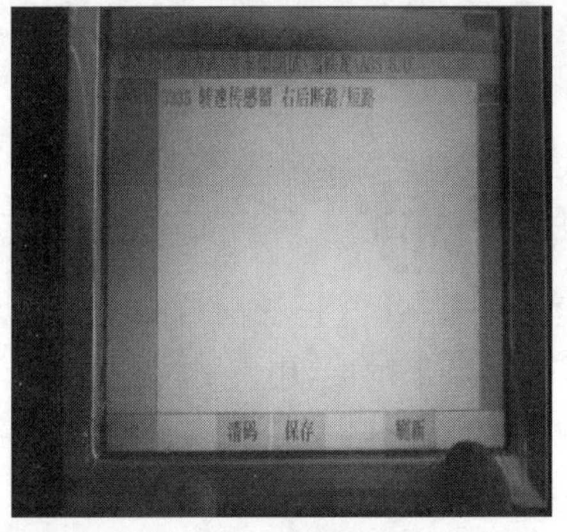

图 7-20　诊断出故障原因

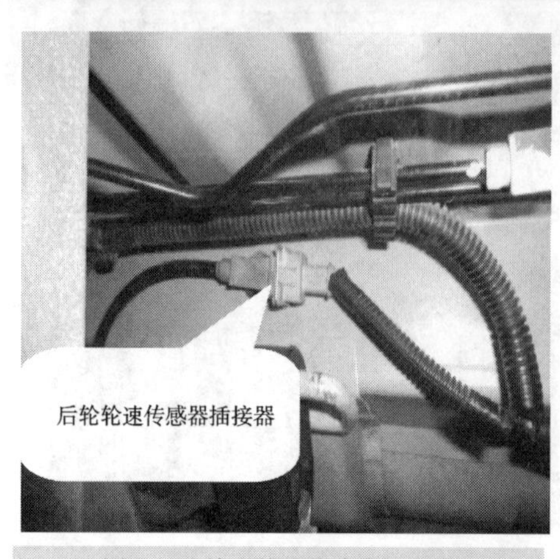

图 7-21　检查轮速传感器插接器

引导问题 15　怎样排除后轮轮速传感器断路或短路故障?

(1)拆下蓄电池负极连接线,用 19mm 套筒和指针式扭力扳手拧松车轮轮胎固定螺栓,将车辆举升到合适的高度,安全锁止后,进入车辆底部检查轮速传感器插接器是否连接牢固。如连接不良,需更换插接器,如图 7-21 所示。

(2)拆卸右后轮轮速传感器。

①用 5mm 内六角扳手拧松轮速传感器固定螺栓(图 7-22a),拆下轮速传感器(图 7-22b)。

a)

b)

图 7-22　拆下轮速传感器

②用干净的抹布擦净传感器传感头上的污物(擦拭时不要损坏传感头),擦拭干净后装复轮速传感器,拧紧固定螺栓,拧紧力矩为(8 ±2)N · m,如图 7-23 所示。

提示:轮速传感器出现故障,不一定说明是传感器损坏,当传感头有脏污时,会引起轮速传感器工作不良;如确定轮速传感器损坏应予以更换。

(3)检查后轮 ABS 感应齿圈。

①拆下轮胎放好,用一字螺丝刀取下碗形塞,用 32mm 套筒和指针式扭力扳手拧松后轮固定螺母并拆下,取下垫圈,拆下制动鼓,有序地放到零件车上(见学习任务四之引导问题 11 的拆卸部分)。

②检查感应齿圈是否有缺损,如有缺损,应予以更换,如图 7-24 所示。

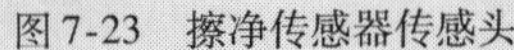

图 7-23　擦净传感器传感头

图 7-24　检查感应齿圈

提示:爱丽舍轿车后轮感应齿圈为 29 个齿。

(4)按拆卸的相反顺序装复后轮(见学习任务四之引导问题 11 的装复部分)。

(5)将车辆降至地面,按规定力矩拧紧轮胎螺栓,将车辆固定牢固,装复蓄电池负极连接线。

(6)起动发动机,观察 ABS 报警灯是否恢复正常,如 ABS 报警灯仍然点亮,请重复以上步骤,直至 ABS 报警灯恢复正常。

引导问题 16　怎样清除故障码?

(1)起动发动机,重复引导问题 12 的步骤,读出故障码,点"清码",如图 7-25 所示。

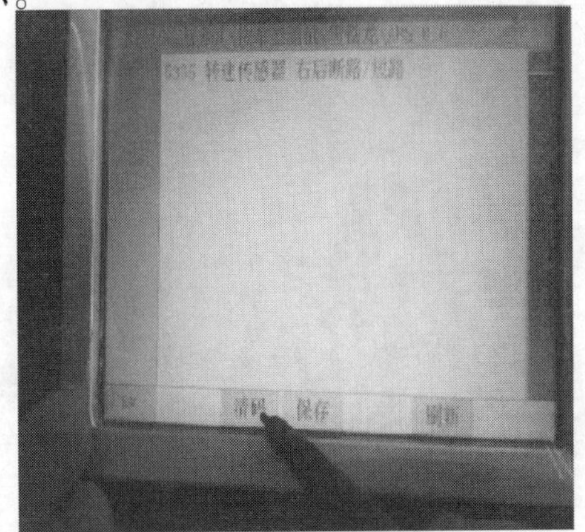

图 7-25　清除故障码

(2)点“刷新”,如显示系统正常,则说明故障已经排除,故障码也清除,如图 7-26 所示。

(3)清理工具、量具,收回防护 5 件套,清洁现场(图 1-58 ~ 图 1-60)。

引导问题 17　怎样排除前轮轮速传感器断路或短路故障?

如诊断仪诊断出前轮轮速传感器发生短路或断路故障(诊断方法与后轮一样),请进行以下操作,以排除故障。

(1)拧松前轮轮胎螺栓后,将车辆举升到合适的高度。

(2)拆卸前轮轮胎后,检查前轮轮速传感器插接器是否连接牢固,如图 7-27 所示。

图 7-26　刷新

图 7-27　检查前轮轮速传感器插接器

(3)用 10mm 梅花扳手拧松前轮轮速传感器固定螺栓,如图 7-28 所示。

图 7-28　拧松前轮轮速传感器固定螺栓

（4）拆下防护盖，用12mm梅花扳手拧松轮速传感器固定螺栓，拆下前轮轮速传感器，如图7-29所示。

图7-29　拆下前轮轮速传感器

（5）用干净的抹布擦拭前轮轮速传感器，如图7-30所示。

（6）检查前轮感应齿圈（前轮感应齿圈为29个齿），如图7-31所示。

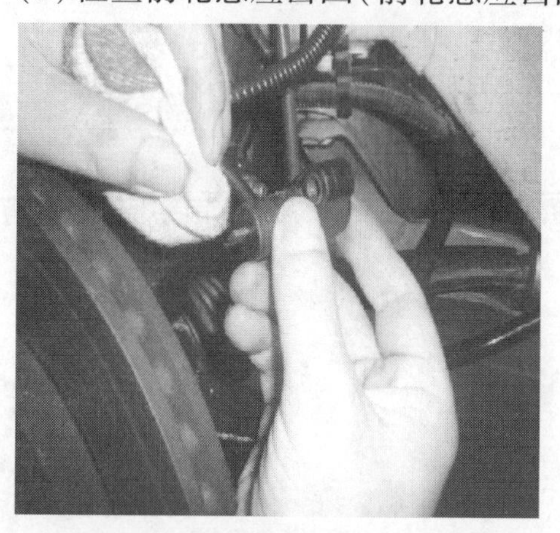

图7-30　擦拭前轮轮速传感器

图7-31　检查前轮感应齿圈

（7）装复轮速传感器、轮胎，将车辆降至地面，按规定力矩拧紧轮胎螺栓，固定好车辆。

提示：清除故障码、清理现场等和前面提及的步骤一样，在此就不在重复。

三、评价与反馈

1.对本学习任务进行评价，见表7-1。

评 分 表　　表 7-1

考核项目	评分标准	分数	学生自评	小组评价	教师评价	小计
团队合作	是否和谐	5				
活动参与	是否积极、主动	5				
安全生产	有无安全隐患	10				
现场 5S	是否做到	10				
任务方案	是否正确、合理	15				
操作过程	1. 使用 KT600 诊断仪； 2. 选择诊断接头； 3. 连接诊断接口； 4. 检查故障并排除； 5. 清除故障码	30				
任务完成情况	是否圆满完成	5				
工具与设备使用	是否标准、规范	10				
劳动纪律	是否严格遵守	5				
工单填写	是否完整、规范	5				
总分		100				
教师签名：		年　月　日		得分		

2. 在实施作业时每个安全事项都注意到了吗？如没有，找出忽略的地方和原因。

3. 能否向车主简述检查 ABS 故障的工作流程及解释必须更换部分零件的原因？如不能完全做到，请分析原因并提出改进措施。

四、学习拓展

1. 查找资料,了解爱丽舍轿车的 ABS 电路图。

2. 查找资料,向同学叙述检测轮速传感器的方法。

3. 去其他品牌的4S店看看,了解其他车型 ABS 报警灯点亮的维修流程和检测方法。

参考文献

[1] 邯郸北方学校.怎样维修汽车ABS、ASR和SRS系统[M].北京:机械工业出版社,2005.

[2] 宋年秀,杜彦蕊.汽车防抱死系统/安全气囊系统[M].北京:人民交通出版社,2004.

[3] 周林福.汽车底盘构造与维修[M].北京:人民交通出版社,2002.

[4] 丛树林,王峰.汽车底盘维修实训教程[M].北京:人民交通出版社,2011.

[5] 庞柳军.汽车制动系统维修工作页[M].北京:人民交通出版社,2011.